问话的技术

盛安之 / 著

江西美术出版社
JIANGXI FINE ARTS PUBLISHING HOUSE

图书在版编目（CIP）数据

问话的技术 / 盛安之著 . -- 南昌 : 江西美术出版社 , 2017.9（2019.5 重印）
ISBN 978-7-5480-4263-1

Ⅰ . ①问… Ⅱ . ①盛… Ⅲ . ①语言艺术—通俗读物 Ⅳ . ① H019-49

中国版本图书馆 CIP 数据核字（2017）第 033442 号

出 品 人：周建森
企　　划：北京江美长风文化传播有限公司
策　　划：北京兴盛乐书刊发行有限责任公司
责任编辑：王国栋　楚天顺　李小勇
版式设计：曹　敏
责任印制：谭　勋

问话的技术

作　　者：盛安之

出　　版：江西美术出版社
社　　址：南昌市子安路 66 号江美大厦
网　　址：http：//www.jxfinearts.com
电子信箱：jxms@jxfinearts.com
电　　话：010-82093808　　0791-86566124
邮　　编：330025
经　　销：全国新华书店
印　　刷：北京柯蓝博泰印务有限公司
版　　次：2017 年 9 月第 1 版
印　　次：2019 年 5 月第 3 次印刷
开　　本：880mm × 1280mm　1/32
印　　张：7
I S B N：978-7-5480-4263-1
定　　价：26.80 元

前　言

Preface

如果你能提问，就千万不要陈述。因为问能让你得到的更多。

请看下面这个案例：

一个乡下来的小伙子，到城里的大百货公司应聘，老板问他："你以前做过销售员吗？"他回答说："我以前是村里挨家挨户推销的小贩子。"

老板喜欢他的机灵："你明天可以来上班了。等下班的时候，我会来看一下。"

快下班时，老板真的来了，问他说："你今天做了几单买卖？"

"一单。"年轻人回答说。

“只有一单？”老板很吃惊地说：“我们这儿的售货员一天基本上可以完成20到30单生意呢。你卖了多少钱?”

“300,000美元。”年轻人回答道。

“你怎么卖到那么多钱的？”目瞪口呆，半晌才回过神来的老板问道。

“是这样的，”乡下来的年轻人说，“一个男士进来买东西，我先卖给他一个小号的鱼钩，然后中号的鱼钩，最后大号的鱼钩。接着，我卖给他小号的鱼线，中号的鱼线，最后是大号的鱼线。我问他上哪儿钓鱼，他说海边。我建议他买条船，所以我带他到卖船的专柜，卖给他长20英尺有两个发动机的纵帆船。然后他说他的大众牌汽车可能拖不动这么大的船。我于是带他去汽车销售区，卖给他一辆丰田新款豪华型巡洋舰。”

老板后退两步，几乎难以置信地问道：“一个顾客仅仅来买个鱼钩，你就能卖给他这么多东西?”

“不是的，”乡下来的年轻售货员回答道，“他是来给他妻子买卫生巾的。我就告诉他‘你的周末算是毁了，干吗不去钓鱼呢？’”

瞧，一切奇迹只是源自最初的那个问题：“干吗不去钓鱼呢？”

如果你认为询问是如此的简单，那就错了。接着看——

询问者："你那会儿正在做什么？"

犯罪嫌疑人："安装一个简易爆炸装置。"

大多数普通人可能会问："在哪里？"然而，一个更有效的追问却是："你当时还在安装什么？"

犯罪嫌疑人："一个监视雷达。"

询问者："还有其他的吗？"

犯罪嫌疑人："没有了。"

这段对话来自FBI的内部培训教材，用于解释有效询问的一个特点：围绕最初的主题不放。在这里，"还有其他的吗？"是一个重要的询问技巧。在快速地知道犯罪嫌疑人做了两件有可能危害人们安全的事件后，接下来，如果还有时间，再就爆炸装置和监视雷达的具体问题穷根寻叶，以掌握更多的破案信息。当对方回答"没有了"或者"我现在不能想到更多"后，你可以结束对主要问题的询问，然后继续拓展另一个问题。

问话，绝不仅是问而已。问话的技术，也叫询问术、提问术，是一套古老的交谈技术，几千年前就已经应用于辩论、刺探情报、套话、审讯、说服等领域。

·公元前5世纪，苏格拉底运用询问术成功开启了希腊

哲学的新纪元。

·公元前4世纪，赵国平原君的门客毛遂运用询问术自荐成功，并继续用询问术成功说服楚王同意与赵国结盟。

·公元前209年，陈胜运用询问术成功说服吴广及另外900名穷苦人造反，用武力反抗秦政。

古老的询问术，进入现代社会后，与心理学、管理学、营销学、人系关系学、犯罪学等新兴科学交叉融会，已经发展成为一套适合各种职业、各种人群学习的实用交谈技术。

·1963年，因把询问术成功运用到推销事业中而跻身亿万富翁行列的原一平，荣任日本绩优寿险推销员俱乐部名誉会长。

·1983年，乔布斯运用询问术成功让当时的百事可乐总裁约翰·斯卡利加入苹果。当时的那个问题至今仍被人津津乐道——“你是想卖一辈子糖水，还是跟着我们改变世界？”

·2002年，TCL领导人李东生运用询问术与几万员工达成了立即进行文化革新与流程再造的共识。

·2003年，美国特战队员马多克斯运用询问术成功抓捕萨达姆·侯赛因！

·2016年，马云运用询问术迫使乐视网总裁马跃亭纠正了对阿里巴巴的批评。

不管是从事警察、推销员、政治家、经理人、谈判专家、记者、公关服务这样的职业，还是扮演父母、朋友、情人、顾问这样的社会角色；不管你的目的是为了获取商业情报、摸清客户需求，完成一段新闻采访、人物访谈，还是为了摸清与你存在利益关系的人的隐私，刺探他们的秘密，甚至你仅仅是想八卦一下你身边的人（家人、伴侣、朋友），或是想知道某些人是否在骗你，你都能阅读《问话的技术》，通过学习其中的原则、技巧和案例，让你的行动事半功倍。

如何通过交谈获得你想要的信息？

如何通过交谈达成你想要的目标？

《问话的技术》将让你感受到：交谈，真的是一个技术活。

目 录

Contents

第一章

如果你能问，就千万不要说

要改变别人的注意力，问比说的效果好

心理学家做过很多实验，用于发现人类大脑的原理，其中一个实验是这样的：给应试者一张全是人头像的照片，然后问：有多少张头像的发型是扎起来的辫子？

应试者在看完头像后给出了答案。

然后心理学家让大家放下照片，问：头像中是否有黑猩猩的头像？

结果有82%的应试者露出了错愕的表情，因为他们根本没有注意到有黑猩猩。

其实，这个实验想要测试的重点是：问题会不会影响了人的关注力。

实验结果表明：问题改变了人们对于所见事物的识别、注意和记忆。

类似的实验还有：给应试者一段人群川流不息的视频，提问他们有多少个人是反方向走动的？然后关上视频，问人群中是否有穿裙子的男人，有几个这样的男人，

他们的裙子是什么颜色？

实验的结果是相同的：事先提出的问题，会让应试者把心智潜力和关注力都集中到这个问题上，而对真正奇怪的事情——黑猩猩、穿裙子的男人——视而不见。

这启发我们：在人际交往、团队建设、销售谈判、家人相处等场合，要善于用提问代替说教，善于通过问话来事半功倍地实现自己的目的。

要想诱导别人的感觉，问比说的效果好

当人被提问时，注意力一般会更容易集中在被提问的内容上。

因此，大公司在培训销售人员时，会教新人如何用提问来诱导客户的感觉。

如果是卖化妆品，可以让客户抹一抹，然后问她："这种化妆品抹在脸上是不是感到很润滑而不油腻？"

如果销售的是纸张，可以让客户摸一摸，然后问："你摸一摸这纸张的质地是不是很光滑？撕开一张看看里面的纤维是不是很均匀？再闻一闻是不是有一种新鲜的纸

香气？”

如果要销售的是一处度假屋，就可以通过构图，全方位地调动客户的感官世界，从而引起客户的想象。

听觉——“你是不是想听到海浪冲击海岸的声音，还有海鸥的叫声？”

嗅觉——“你是不是希望闻到松树或刚刚收割的稻秆的香气？”

味觉——“你是不是愿意去逛逛那里的乡村商店？你愿不愿意拿起那里的草莓，尝一尝那酸酸、甜甜、花蜜般的味道？”

触觉——“你是不是愿意坐在独木舟上，悠闲地划桨？”

这套销售诱导技术的程序是：第一步是要尽可能地调动客户多方面的感觉器官，例如要让客户闻闻产品的味道，摸摸产品的手感等；第二步是通过提问将客户模糊的感觉具体化，具体到对产品某一特点的好感上。

要想引起别人的兴趣，问比说的效果好

要想激发别人的兴趣，采用问句的形式会比陈述句的形式效果更佳。

请比较下面的话语中，哪种方式更能引起你的注意？

- 这本书介绍了在阳台上种菜的方法、技巧和经验。（陈述）
- 您想把您家的阳台变成一个绿意盎然的小菜园吗？（提问）
- 宝贝儿，多吃菠菜对身体好，能像大力水手一样有力气。（陈述）
- 宝贝儿，你想不想像大力水手一样有力气呢？（提问）

在你提出问题后，要做好在30秒内自问自答的准备。如果只问不答，对方就会认为你是在质问他或者认为你也不知道答案。

因此，在你提出问题后，要观察对方的神态和表情，如果已经引起了对方的注意和兴趣，就可以自问自答了。

- 您想把您家的阳台变成一个绿意盎然的小菜园吗？（停顿）那就看这本书吧，这本书介绍了在阳台上种菜的

方法、技巧和经验。（自问自答）

• 宝贝儿，你想不想像大力水手一样有力气呢？（停顿）那就要多吃菠菜哦。（自问自答）

如果出现对方不按套路回答的情况，例如：

你问：您想把您家的阳台变成一个绿意盎然的小菜园吗？

对方：不想。

那么，你可以继续问下去："我遇到的很多人都对阳台种菜很感兴趣，您为什么不想了解一下呢？"

对方答："因为我家没有阳台啊。"

你说："哦，原来如此！我手上的这本书介绍了在阳台上种菜的方法、技巧和经验。如果您的朋友对阳台种菜感兴趣的话，能介绍给我认识吗？"

……

只要对方开始与你沟通，开始进入到正常的对话情景，那你通过提问引发对方兴趣的目的也达到了。

在指出别人的错误时，问比说的效果好

直接指出别人的错误，往往都是不聪明的做法。因为

别人未必能意识到自己的错误，那就会与你展开关于对和错的辩论，这种辩论还很可能会演变成争吵和人身攻击；即使别人能意识到自己的错误，但是碍于情面和自尊心，也未必会痛快地认错。

在指出别人的错误时，问比说的效果好。

先秦时代的韩非子讲过一个故事：楚国有个卖矛和盾的人，他先夸耀自己的盾很坚硬，说："无论用什么东西都无法破坏它！"然后，他又夸耀自己的矛很锐利，说："无论什么东西都能将其破坏！"市场上的人质问他："如果用你的矛去刺你的盾，它们将怎么样？"那个人无法回答。这就是成语"自相矛盾"的来历。

在2016年的互联网深圳大会上，乐视网的总裁贾跃亭在发言中批评了中国互联网业的三个巨头——百度、阿里巴巴和腾讯，简称为BAT，认为BAT垄断了整个互联网资源，使得大家没法混了。

马云对贾跃亭的观点不以为然，他认为BAT之外的企业如果没法混的话，错不在BAT这些巨头，而是缺乏颠覆性的创新。但是他没有直接与贾跃亭辩论，而是在另一次公开演讲上，他向贾跃亭提问："假设你的企业是BAT，你该怎么做？"

贾跃亭对马云的提问有点措手不及，稍作思考后表示："每个时代都有垄断整个社会资源的企业，但是其实这些都不重要，时代是在不断变化的，每个时代变迁的同时都会诞生全新的、更加伟大的企业。如何能够突破上一代企业的封锁，或者是大山？其实只需要做一件事情——判断下一个时代到底是什么？而不是在BAT的延长线上去做创新，更不是依赖BAT强大的资源。"

贾跃亭的回答是对他当初发言的一次修正，开始从创新与颠覆的角度去看BAT现有的垄断资源，这是马云希望看到的结果，他听后微笑点头。

与其指出别人的错误，不如提一个让对方发现自己错误的问题，给对方反思和纠正的机会，这样就避免了争论和纠纷。

当你不知对方底细时，问比说的效果好

在不知道对方底细、不了解实际情况的时候，贸然说出自己的想法是不明智的，问比说的效果要好很多。

有位老太太来到一家水果店，问店老板："你这儿有

李子卖吗？”

店老板赶忙迎上前去说：“老人家，您要买李子啊？我这儿当然有啊！您看，我这儿的李子又大又甜，刚运过来的，不甜不要钱，还新鲜得很呢！”

没想到，老太太听了店老板的话之后，竟然扭头就走了。

店老板感到很纳闷：这也太奇怪啦，我说错什么了？我哪儿做得不对得罪老太太了吗？

老太太来到第二家水果店，对这家的店老板问了同样的问题：“你这儿有李子卖吗？”

第二位店老板马上迎上前去说：“老人家，您要买李子啊？”

“是啊。”老太太应道。

“我这里的李子有酸的，也有甜的。您是想买酸的，还是想买甜的呢？”

“我想买两斤酸的。”

第二位店老板便利索地给老太太称起了酸李子。他边称边好奇地问老太太：“在我这儿买李子的人大多喜欢吃甜的，您为什么要买酸的呢？”

“哦，最近我儿媳妇怀上孩子啦，特别喜欢吃酸李子。”

“哎呀！那真要特别恭喜您老人家快要抱孙子了！有您这样照顾周到的婆婆，可真是您儿媳妇天大的福气啊！”

“哪里哪里，怀孕期间最要紧的当然是吃好、胃口好、营养好啊！”老太太笑道。

“是啊，怀孕期间的营养是非常关键的，要多补充些高蛋白的食物，听说多吃些含维生素丰富的水果，生下来的宝宝也会更聪明些呢！”

“是吗？有哪种水果含的维生素更丰富呢，你给我推荐推荐！”

“很多书上都说猕猴桃含维生素最丰富！”

“那你这儿有猕猴桃卖吗？”

“当然有，您看我这进口的猕猴桃个大汁多，含维生素更多，您要不先买一斤回去给您儿媳妇尝尝？”

于是，老太太不仅买了两斤李子，还买了一斤进口的猕猴桃，而且以后几乎每隔一两天就要来这家店买各种水果。

第一个店老板是个不合格的生意人，他在不了解客户实际需求的情形下，只知道一味地说自己的李子有多甜多好。第二个店老板则是个工于心计的生意人，他先是询问客户的偏好——喜欢甜的还是酸的，然后再介绍自己的酸李子；又通过酸李子询问出客户的儿媳妇正在怀孕，趁机推介富含维生素的猕猴桃。

这个例子不由得让人再次想起本章的标题：如果你能问，就千万不要说。

让别人接受你的命令，问比说的效果好

说到命令，人们可能会想到“军令如山”——领导下了命令，下级不得不赶紧执行，于是认为以命令的方式去指挥下属办事效率最高。实际情况却未必如此。

日本松下公司前总裁松下幸之助说：“不论是企业或团体的领导者，要使属下高高兴兴，自动自发地做事，我认为最重要的，要在用人和被用人之间，建立双向的，也就是精神与精神，心与心的契合、沟通。”他看到了领导与下属的沟通的重要性，因而在实际中身体力行，终于取得了成功。要达成领导与下属心与心的契合、沟通，关键的一点就是与下属一起交流商量。

一些领导人颐指气使，有事就大嗓门地命令下属去

干。他们认为只有雷厉风行才能产生最佳效果，命令别人去干事的时候也不看人家的意见如何，反正一句话："做了再说！"一般来说这样的领导比较有能力，在下达命令之前是经过一番深思熟虑的。但久而久之，下属对领导产生了信任，什么都不问就照领导说的去做，反倒失去了积极性和创造性，成为一件只会办事的机器。而有些下属呢，面对领导铺天盖地的命令，连问一句为什么的机会都没有，自己想不通当然就不愿去做了。不愿做的事要被迫去做是很难做好的。

要吩咐下属去办一件事，命令的方式是不可少的，特别是在情况紧急的情况下，一分一秒都是宝贵的，没有时间给你详细的解释。但更多的时候，最好还是以商量的方式。

如果采用询问的、商量的方式，下属就会把心中的想法讲出来，如果领导认为说得有道理，就不妨说："我明白了，你说得很有道理，关于这一点，你看这样行不行？"诸如此类，一方面吸收对方的想法和建议，一面推进工作。这让下属觉得既然自己的意见被采用，自然就会把这件事当作自己的事去认真做的；同时由于热心，自然也会产生良好的效果。

第二章

问话的技术，有章可循

疑问、反问与设问

问话的方式，从句式上来讲，可以分为：疑问、反问和设问。

疑问，就是只问不答，仅仅是提出问题。例如：

- 明天的会议是几点钟？
- 你发来的产品与样品是否完全一致？

反问，也是只问不答，但所提的问题是不需要回答的。例如：

- 你真以为他会还钱给你！太阳会从西边出来吗？

太阳当然不会从西边出来，这个问题是不需要回答的。

反问实际是语气强烈的肯定或否定，例如：

- 难道这是我的错吗？

意思是：这不是我的错。

- 你呢，这难道没有应该责备自己的地方吗？

意思是：你也有应该责备的地方。

设问，就是自问自答。例如：

●敢于这样做人，难道不是一个英雄吗？可以肯定地说是一个英雄，一个大大的英雄。

●什么是路？就是从没有路的地方踏出来的，从有荆棘的地方开辟出来的。

上面的例子，是一问一答，也有多问一答的。例如：

是谁为政府缴纳了最多的税收？是谁提供了最多的就业岗位？是谁为职工缴存了最多的社保基金？是千千万万的私营企业。

简单来说，疑问是有疑而问，设问和反问都是无疑而问。

设问和反问的区别是：

设问不表示肯定什么或否定什么，反问明确地表示肯定或否定的内容。

设问主要是提出问题，引起注意，启发思考；反问主要是加强语气，用确定的语气表明作者自己的思想。

设问是自问自答，有问有答；反问寓答于问，有问无答。

询问、请求与质问

问话的方式，在语气和目的上会有所不同，可以分为询问、请求与质问。

心中有疑问，希望别人来解答，就是询问。询问的语气可以是好奇的、平静的、急切的、谦逊的或尊敬的。例如：

清朝时有个学童叫戴震，老师教《大学章句》到《右经一章》以后，老师告诉他“经”的部分是孔子说的话，由其学生曾子记述的。“章”的部分是曾子的意思，由曾子的学生记述的。戴震听了问老师：“这凭什么知道是孔子的话，却由曾子记述？又怎么知道是曾子的意思，却是他的学生记下来的呢？”老师回答他说：“这是朱熹说的。”他马上问：“朱文公（朱熹）是什么朝代的人？”老师回答他说：“宋朝人。”戴震问老师：“曾子、孔子是什么朝代的人？”老师说：“周朝人。”戴震追问道：“周朝和宋朝相隔多少年？”老师说：“差不多两千年了。”戴震问老师：“既然这样，那么朱熹怎么知道？”老师没有什么可以拿来回答，说：“这个孩子非同一般。”

这一段“戴震难师”的典故，就是询问的范例。

有求于人，或者地位低下的人向上级、长辈请示事情，就是请求。请求的语气应该是委婉的、谦卑的、协商的。例如：

- 我能占用您十分钟的时间，介绍一下我的投资计划吗？
- 我儿子今年9月份要上小学了，听说您和教育界的人很熟悉，能帮我联系一下育才小学的招生部门吗？
- 我这个月的奖金如果分两个月发给我，就能在法律允许的范围内帮我少交一点所得税。请您批准一下，好吗？

质问就是根据事实提出来的疑问。质问的语气常常是责备的、反驳的、训斥的、明辨是非的等。例如：

- 这批货物的市场价格是3万元，你给公司的报价却是5万元，请问这是怎么回事？
- 为什么你就不能早起半小时？

同样一句话，用质问的语气讲出来，会让人紧张和不舒服，而用询问或请求的语气就平和、婉转得多。

例如，质问：“为什么你就不能早起半小时？”

如果改成询问的语气，可以是：“要是早起半小时，你能做到吗？”

如果改成请求的语气，可以是："请你早起半小时，好吗？"

封闭式的提问方式

所谓封闭式提问，是指问题的答案有唯一性，范围较小，一般是一些有限制的问题，对回答的内容有一定限制，提问时，给对方一个框架，让对方在可选的几个答案中进行选择。这样的提问能够让回答者按照指定的思路去回答问题，而不至于跑题。

常见的封闭式提问，是指可以用"是"或者"不是"，"有"或者"没有"，"对"或者"不对"等简单词语来作答的提问。例如：

"你现在心情好吗？"

"你感到紧张，对不对？"

这类问题通常用"对不对""会不会""要不要"等形式提出，旨在缩小讨论范围，获得特定信息，澄清事实，或使会谈集中于某个特定问题。

封闭式提问的优点是对方可能的回答都包括在问题之

中，易于回答，节省时间。所以在法庭审问、调查问卷、澄清事实等场合，都会用到封闭式问题。

封闭式提问的缺点是难以得到问句以外更多的信息材料，不利于真实情况的获得，而且具有较强的暗示性。

从传销组织内部里传出来的视频资料，向我们解开了传销组织的“导师”给新人“培训”的内幕。

导师：在这个物欲横流的世界，没有钱就会被人看不起，就不会有人尊重你，是不是？

人群：是。

导师：你想不想成为有钱人？

人群：想。

导师：我没有听见你的回答。如果想有钱就大声说出来，让我听见你有多想，让这个世界听见你有多想。现在大声说出来：你想不想有钱？

人群：想。（异口同声地、某些人声嘶力竭地……）

导师：有付出才有回报，想致富就要有行动。是不是？

人群：是。（异口同声地、高分贝地）

导师：那你做好赚大钱的准备了吗？

人群：做好了。

……

录像中的培训“导师”用了一连串设计好的封闭式问题，一步一步地对人群进行心理暗示。接下来的对话将会围绕如何出卖亲情、友情发展下线而展开。有了前面的“洗脑”步骤，人们对“杀熟”行为的愧疚感有所消退，甚至开始认同：发展亲友入伙是自己赚大钱的“合理”付出。

开放式的提问方式

与封闭式提问相对应的，就是所谓的开放式提问，是指提出比较概括、广泛、范围较大的问题，对回答的内容限制不严格，给对方以充分自由发挥的余地。

开放式问题，通常是包含有“是什么”“为什么”“什么时间”“什么地点”“什么人”“谁”“如何”“怎样”“哪些”等内容的问句。例如：

- 是什么原因让你长期一个人留在美国？
- 为什么当时有那么多人不理解你？
- 你通常多长时间会安排一次全家人的旅行？

- 你在西安都吃过哪些小吃？
- 哪本书对你的人生影响最大？
- 是什么动力驱使你去边远山区助教？
- 据说莫言不是第一位获得诺贝尔文学奖的华裔作家，你知道是谁吗？
- 给我讲一讲你在上海进修的情况，怎么样？

这样的提问比较宽松，不唐突，也常得体。

如果在谈话的开头使用开放式提问，可缩短双方的心理距离。但是由于松散和自由，也容易脱离主题。

开放式问题在人际交往和聊天中，有很重要的应用。

面对陌生人或者不太熟悉的客户、同事，请教对方的家乡在哪里，询问对方喜欢看什么书等，是通过开放式提问进行搭讪和攀谈的好方式。

另外，心理学的研究表明，人在本性上渴望被人注意。人的这一天性，使得每个人都有谈论自己的内在需要。

通过开放式提问，能把谈话的重点转到对方身上，既满足了对方渴望关注和尊重的需要，也让对方有机会畅所欲言，展现自己的内心世界。

“二选一”提问方式

有的问句，涉及到了选择的问题。例如：

“你要喝咖啡吗？”

要喝或者不要喝，是一个选择。

“你要喝咖啡还是茶？”

在这句问话中，要喝或不要喝的选择被省略了，取而代之的是喝咖啡还是喝茶。

被省略的选择，实际上是给人一种暗示：你已经选择过了。

你在邀约他人时，一般会说：“有空一起出来出顿饭吗？”对方可以用“对不起啊，最近没空”来拒绝你。

如果你换成“二选一”的问话方式，被拒绝的可能性就会降低。例如你说：“我们最近一起吃顿饭吧。你看你是这周方便还是下周方便？”

有一家卖安徽板面的小店，可以在面里加卤鸡蛋。店员常问顾客：“要加鸡蛋吗？”这样一问，就有的顾客选择了不加鸡蛋。

后来店主接受了一位人际关系专家的建议，提问就变成了：“先生，您是要加一个鸡蛋，还是加两个鸡蛋？”

通过这样的提问，就使顾客无论选择哪一种，都是选择了“加鸡蛋”，从而使销售额大增。

苏格拉底问答法

苏格拉底经常和人辩论。辩论中他通过问答形式使对方纠正、放弃原来的错误观念并帮助人产生新思想。这种问答分为三步：第一步称为苏格拉底讽刺，他认为这是使人变得聪明的一个必要的步骤，因为除非一个人很谦逊“自知其无知”，否则他不可能学到真知。第二步叫定义，在问答中经过反复诘难和归纳，从而得出明确的定义和概念，第三步叫助产术，引导学生自己进行思索，自己得出结论，正如苏格拉底自己所说，他虽无知，却能帮助别人获得知识，好像他的母亲是一个助产婆一样，虽年老不能生育，但能接生，能够帮助新的生命诞生。

苏格拉底问答法的诀窍就是在劝说中避开分歧意见，先提出一些对方可以认可的问题，然后再一步步地使之接受与原来相反意见的一种方法。

比如，一对好朋友因为一点小事闹翻了，你要想使他们和解，就可以找到其中一位，向他先提几个问题。

“他（指与之发生不愉快的那一位）这个人是不是为人很正直？”

“是的。”

“他是不是很讲义气，愿意帮助别人？”

“是的。”

“他是不是对你有过好处？”

“是的。”

“既然如此，就不要计较一些小事了，还是和好吧！”

说到这里，一般人都会接受劝告。

心理学家认为，当人们做肯定回答的时候，全身组织放松，心情处于平静状态，因而易于接受不同意见。

要想成功地运用苏格拉底问答法，下列几点需要谨记在心：

提问题多从对方的实际需要考虑；

多提一般化的常识性问题，使对方不可能拒绝；

多提无关宏旨的简单问题，不让对方多作思考；

多提明确问题，不让对方做模棱两可的回答。

苏格拉底类比诱问法

苏格拉底很善于利用类比诱问法说服人，这种方法是把类比推理的过程变成一个个问句，诱使对方回答。

有一次，他和一个人就道德问题展开辩论。

对方认为说谎就是不道德的。

苏格拉底问道："那么在战场上对敌人说谎是不是道德的？"

对方只得承认是道德的，但却辩解说对自己人不能说谎。

苏格拉底又问："在我军陷入困境时，为了鼓舞士兵斗志，对他们说谎是不是道德的？"

对方又承认是道德的，但提出对亲人说谎不道德。

苏格拉底接着问："父亲想让孩子吃药，便撒谎说药不苦，这是不是道德？"

在苏格拉底的一连串类比诱问面前，对方心悦诚服地承认了苏格拉底的观点正确。

步步设问法

步步设问法，即不立刻说出自己的观点，而是连续设问，让对方顺着自己的思路做出肯定的答复，最后服从自己的思想。

如孟子在批评齐宣王不会治国时就是采用这种方法。

孟子问："假若您有一个臣子，把妻室儿女托付给朋友照顾，自己到楚国去了。等他回来时，他的妻子儿女却在挨饿受冻。对这样的朋友，该怎么办呢？"

王答："和他绝交。"

孟子说："假若管刑罚的长官不能管理他的部下，那该怎么办？"

王答："撤掉他！"

孟子又问："假若一个国君治理不好国家，那又该怎么办？"

王这时只好"顾左右而言他"了。

这里，如果孟子首先就问第三个问题，那必然引起齐宣王的愤怒。孟子先设两问，诱导齐宣王作出肯定的回答，然后才提出"应该怎样处置不会管理国家的国君"这个他最终要提问的问题，这当然使齐宣王无以答对了。

第三章

掌握问话的原则，所有人都挺你

见什么人问什么话

人有男女老幼之分，该由老人回答的问题，向年轻人提出就不合适；该向男性提出的问题，也不能叫女性来回答。

对性格外向的人尽管什么问题都可以提，但必须注意问得明白，不要把问题提得不着边际，否则很容易使谈话“走题”。

对寡言好思的人，要开门见山、简洁明了，提问要富有逻辑性，尽量提那种“连锁式”问题，“你为什么会这样呢？”“后来呢？”等，这样可以促使他源源不断、步步深入地谈下去。

对那种敏感而又讷于言辞的人，要善于引导，不宜开始就提冗长、棘手的问题，通常以他喜欢的话题，由浅入深据实发问，启发他把心里话说出来，但必须注意绝不能向他提令其发窘的问题。

提问必须掌握最佳时机

提问时机掌握得好，沟通的效果才佳。

两个过去很要好的朋友都刚刚走上工作岗位，一个偶然的机会他们相遇了，互相询问："你们单位怎样？工作还顺利吧，谈恋爱了吗？"显得既亲热自然，又在情理当中。

但是如果一位姑娘经人介绍与一位从未见过面的小伙子谈恋爱，公园门口两人准时赴约了，沉默了一会，姑娘抬起头来问："你谈过恋爱吗？工作轻松吗？工资多少？"其结局就可想而知了。

中国人见面打招呼都喜欢问一句"吃了吗？"如果这话用在吃饭时间前后，倒也无妨，但如果下午三点左右在公共汽车上遇到熟人也问这么一句，就难免让人感到有点莫名其妙。

一般来说，当对方很忙或正在处理急事时，不宜提琐碎无聊的问题；当对方正专心欣赏音乐文娱节目或体育比赛时，不宜提与这支音乐或这场文娱节目和体育比赛无关的问题；当对方伤心或失意时，不宜提太复杂、太生硬、会引起对方不愉快的问题。

提问也要分场合

提问的场合、情景是很重要的。场合不同，回答就可能不同。

比如你所领导的部门，有三个人都完不成你布置的任务，你想对此事加以证实并问清原因。你有两个办法：一是把他们一起找来问："是你们的一致看法吗？为什么？"二是把他们一个个找来问："你的看法和他俩一致吗？为什么？"

前一问就不如后一问。因为前者三人在一起，人类固有的从众心理会让他们相互影响，不说实话。

警察提审同案的罪犯，绝对不会把他们叫在一起审问，而是要单独审问他们。因为一起审问，会给他们提供察言观色、串供、改供的机会。

如果你的问题涉及到个人的隐私，就不要在人多的场合询问。例如女人的年龄、男人的收入等。

但是如果你的问题与对方的一段精彩经历有关，那你择机当众提问，则会让对方对你心存好感。例如在公司的聚会上，你问："听说你的毕业论文，被评为年度优秀研究生论文，能给我们讲讲你是怎么做到的吗？"

提问要适应对方的心理

在问答过程中，提问的人、提问的内容、提问的方式，甚至提问行为的本身都会对被问人的心理产生一定的影响。提问人必须根据被问人的心理特点进行提问，这样才能达到提问的目的，收到较好的效果。

一位记者采访一位乡下的老大娘，一见面寒暄几句，就句："听口音，大娘是山东人，好像是鲁中的吧？"

大娘一听就笑了："你这耳朵真灵。是山东阳谷县人。"

记者又问："阳谷县？那不是好汉武松打虎的地方吗？景阳岗还有没有呀？"

大娘谈起家乡来，话就更多了。她也不拘谨了，不把记者当外人，什么话都唠，甚至把村里的"内部新闻"也毫无保留地倒了出来。记者十分顺利地完成了采访任务。

身居异乡的人是最爱谈故乡的。记者的提问正把"兴奋点"选在谈故乡上，一下子就问到了"点"上，抓住了大娘的心理。这样的提问使原本陌生的人之间迅速地达到了心理相容和心理共鸣，也就搭起了沟通彼此心灵的桥梁。

注意突出提问中的关键词

在人际沟通中，有一个黄金句型："假如你是我，你会怎么做？"

上小学的儿子要求妈妈给他买一套新玩具，妈妈没有直接拒绝儿子的要求。而是对他说："爸爸妈妈这个月的工资还剩有2000元。未交的电费是200元；给爷爷的生日礼物预算是400元；爸爸的皮鞋该换新的了，预计要花600元；到下月领工资还有15天，全家人每天的生活费是40元，总计600元；你的玩具是100元；每个月的储蓄计划是200元……每月的钱感觉总是不够花啊，假如你是妈妈，你会怎么做？"

这种教育方式比直接拒绝孩子要好得多，而且它能启发孩子的大脑进行思考。

这个金句也能用在其他场合，例如处理人际关系、管理团队等。之所以能够广泛适用，是因为这句话的关键词是"假如"。当突出"假如"后，会减轻被问者的心理负担，也暗示他要站在提问者的立场来思考问题。

注意突出提问中的关键词，这个原则还有更巧妙的应用。

万豪酒店管理集团在培训餐饮部门的服务员时，要求服务员在面对顾客时问“您今天要些什么？”而不问：“您要些什么？”

这个提问中加了“今天”两个字，虽看似无意，其实大有奥妙：因为他的提问就好像把顾客看成了老主顾，使顾客心里热乎乎的。

重要的问题要放在后面问

一位教士问他的上司：“我在祈祷的时候可以抽烟吗？”这个请求遭到了上司的断然拒绝。

另一位教士也去问这个上司：“我在抽烟的时候可以祈祷吗？”抽烟的请求得到了允许。

这个例子说明，同样一个提问，如果顺序一变，就会意思大变，所得到的结果自然也大不一样了。

另外，提问时的顺序也对对方的心理起到非常重要的诱导作用。

日本战后许多商店因人手奇缺，想减少送货任务，又不想影响原先承诺的送货到家等商业信誉。于是有的商店就将“是您自己拿回去呢，还是给您送回去呢？”的问话改为“是给您送回去呢，还是您自己带回去呢？”

结果大奏奇效：顾客听到后一种问法，大都这样回答说：“还是我自己带回去吧。”

这是因为，人们一般在听人谈话时往往注意后面的话，甚至多数人将一段话的最后一句当作结论性的话来看，所以，许多人在听到这种问话后就选择了后面的做法。这样，商店既达到了自己的目的，又不违背文明服务的原则。

记者在采访时，通常会把容易的问题放在前面，用于赢得采访对象的好感，而把重要的问题——通常也是采访对方不愿回答或者难以回答的问题——放在后面。

用提问控制交际的气氛

两人问答时，气氛是紧张还是融洽，对交际效果很有影响。

交际气氛可由提问的问题和方式来控制。

如果要营造轻松愉快的气氛，可以提一些即兴、亲切的问题。

例如问对方的家乡在哪里？问完之后不要立即连续提问，而是转而谈起对自己家乡的介绍、对对方家乡的印象等。

如果要营造严肃、紧张的气氛，可以设计连续性的问题。

例如警察在审讯犯罪嫌疑人时，会这样开始：

“你叫什么名字？”

““多大年龄？”

“家住哪里？”

这些问题，即使是明知故问，也要一个接一个提出来，给犯罪嫌疑人制造一种严肃的气氛。

再来体会下面这段对话过程中的气氛：

““你昨晚去没去会计室？”

“去过。”

“一个人还是几个人？”

“一个人。”

“去干什么？”

“偷钱。”

“偷没偷？”

“偷了。”

运用步步紧逼的封闭式问题和严肃的语气，使气氛紧张，对犯罪嫌疑人心理产生压力，收到了较好的效果。

第四章

话问对了，沟通就事半功倍

沟通的本质是传递想法

在生活与工作中，我们需要别人理解自己，也需要理解别人，这都离不开沟通。而沟通的本质，其实就是传递意义和想法。

有日本经营之神之称的松下幸之助先生，认为他领导的松下企业，应当生产物美价廉的产品服务于大众。

他在公司高层的会议上，提出了一个问题："我认为我们的经营理念，应该向"自来水"学习。请问各位同仁，自来水有什么特点？"

大家虽然对松下先生的问题有点摸不着头脑，但还是七嘴八舌地开始讨论自来水的特点。

自来水有三个特点：一是每个家庭都需要；二是价格便宜，每个家庭都消费得起；三是人们能很方便地得到它。

当大家说出了自来水的这三个特点后，松下先生开始发言，他说："我们松下企业生产的产品，如果也能全部符合这三个特点，就能让我们的事业永远繁荣下去。大家认为如何呢？”

大家认为言之有理，心中豁然开朗，同时也理解了松下先生的一番良苦用心和深谋远虑。

在这个过程中，松下先生原本已经有了关于企业发展的想法，当这个想法也变成了公司同仁的想法时，他与大家沟通的目的就达到了。

想法是无法直接传递的

我有一个苹果，要传递给你，是很容易的，可以面对面给你，也可以快递给你。无论怎么传递，这个苹果在我手中与传递到你手中，丝毫不会发生变化。

如果我有一个想法，要传递给你，却并不容易。即使面对面，你接收到的想法也很有可能与我要传递给你的想法大不一样。这就是沟通的困难。

想法是不能直接传递的，我首先要找一个承载想法的载体，例如语言、动作、表情、物品、符号等，然后把这个载体让你接收到。你接收到这个载体后，会解读其中承载的想法，如果你解读出来的想法与我最初的想法是一致的，那么谢天谢地，沟通完成了！如果不一致、有偏差，甚至完全相反，那么沟通就失败了！

沟通的过程，如下图所示：

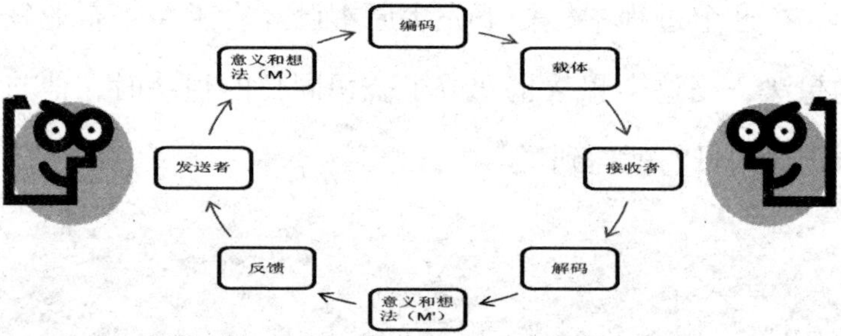

所谓编码，就是发送者把心中的意义和想法（M）转换成可以传递的声音、文字、符号、动作、表情、物品等信息载体的过程。我们说有的人善于表达自己的想法，所指的“表达”能力就是“编码”能力。

所谓解码，就是接收者对各种信息载体进行理解、转换成自己心中的意义和想法（M’）的过程。我们说一个人善解人意，说的就是其解码能力超群。

接收者会根据自己解码出来的信息和想法向发送者做出反馈。反馈又是一轮新的沟通过程的开始。

在这个过程中，发送者的情绪、习惯、表情，接收者的情绪、习惯、表情，以及双方当时所处的场景等，都会对编码、解码的质量产生影响，导致沟通效果的下降，我们把这些因素，统称为“噪声”。

沟通，是心灵的互动

哲学史上有一个著名的问题：森林里的一棵树倒了，却没有人听见，请问它是否发出了声响？

唯物主义者回答：有树倒下是一个客观事实，无论有没有人听见，它都会发出声响。

唯心主义者回答：存在就是被感知，未被感知就是不存在。言下之意是：我没有听见树倒下，它是否发出声响于我而言是不存在的。

上述哲学界的问答，孰是孰非，历来没有定论。

而从沟通的角度来看，想法和意义只有被对方感知到，对方才能理解到它的存在。反过来讲，如果我们没有感知到对方的想法，那对方的想法也的确是不存在的。因此，人与人之间的沟通，就是要做到：我心中的树倒了，也能在你的心中发出声响。

在寒冷的冬天，一位衣衫褴褛双目失明的老人，忍受着刺骨的寒风，可怜巴巴地跪在繁华的街道上行乞。他脏兮兮的脖子上挂着一块木牌，上面写着：“自幼失明”。

一天，一位诗人走到老人身边，老人便伸出手向诗人乞讨。诗人摸了摸干瘪的口袋，无奈地说：“我也很穷，但是我可以送你一样别的东西。”

说完，他从兜里掏出笔，在木牌上写了几个字，起身告别了老人。

自那以后，老人得到了很多人的同情和施舍，可是他对此却大惑不解。

不久，诗人与老人邂逅。老人问诗人：“你那天在我的木牌上写了什么东西呀？”

诗人笑了笑，捧着老人脖子上的木牌念道：“春天就要来了，可我不能见到它。”

诗人一抬头，看见老人空洞的眼眶里含着微微的泪花。

“自幼失明”是一个事实，这四个字真实、客观却不动人。诗人的诗句描写的也是一个事实，但却让行人在心灵深处理解了老人悲苦的境地。因此，同情和施舍也接踵而至。

人际沟通的三个目的

沟通是指意义和想法的传递。

如果我的想法没有被你理解，你就做出同意、反对或者支持的反应，这叫误会。

如果我的想法被你理解了，而且你也同意、支持我的想法，这叫共识。

如果我的想法被你理解了，但是你反对、不支持我的想法，这叫分歧。

为了进一步说明误会、共识和分歧，举例如下。

有人摆宴，请客四人，来了三位。主人说："该来的没来。"其中一人不悦，说："既然我是不该来的，那我走了"。主人一看急了，说："不该走的走了。"另一位亦不悦，说："看来我是该走的！"说罢拂袖而去。主人顿足长叹："我说的又不是你！"第三位听了，疾呼："原来你说的是我！"也愤怒远遁，只留下主人一个人在原地大呼冤枉。

主人的每一句话，都让客人做出了不符合其本意的解读，从主人的角度来看，这是客人误会了他待客的本意。

客人本以为自己是主人想要招待的对象，但从主人的话里，听出了自己并非主人想要招待的人。既然你不想招待，我又何必强留于此。从客人角度来看，他是发现了分歧。

三位客人如果到了主人门外聚在一起，一定会交换对主人的看法，最后得出结论：此人虚伪薄情。这叫共识。

人际沟通的目的，概括起来就是三个：消除误会、发现分歧、达成共识。

提问是很高级的沟通技术

为了实现沟通的这三个目的，人类掌握了丰富的沟通技能，例如语言文字、肢体动作、信物、密码等。其中，提问是一种很实用、很高级的沟通技术。说它实用，是因为在各种沟通的场合，提问的技术都能得到应用。说它高级，是因为只有少数沟通高手才明白应用这种技术的诀窍。

1960年1月26日，周恩来接见并宴请了溥仪和他的几位亲属。这位中国的末代皇帝虽然身无所长，但当时还不太老，应该做点实际工作，才能度过后半截人生。怎样给他安排一份工作，让他既能欣然接受，又不感到委屈呢？就这个问题，周总理和他交谈起来。

周总理："今天和你谈谈，给你安排一下，你想搞哪种工作？"

溥仪："想搞轻工业或在公社中都可以。"

周总理："学工业倒不难，车床活主要看你的眼睛怎么样？"

溥仪："我的眼睛是700度近视。"

周总理："工艺精密的活儿是干不成了，我看可以找找各部的研究所，找一个合适的工作，你过去喜欢化学，还是物理？"

溥仪："我什么也没学过，物理、化学完全不会。"

周总理："你写的那本《我的后半生》还不错。"

溥仪："那是我口述，由我兄弟（指溥杰）执笔写的。"

周总理："这么说，你的文学底子也不大行喽！日文会不会？"

溥仪："不会。"

周总理："轻工业的活儿很精细，可能更累些，你主要还得去研究点什么。"

溥仪："旧社会把我造成一个大废物，现在我只听从党的安排，党认为怎样适当，我就怎么做。”

周总理：“在抚顺时搞过农业没有？”

溥仪：“只在温室里浇浇水。”

周总理：“如果你觉得从事农业劳动在室外好些，那也可以。主要是学点儿科学，也可以在试验农场嘛！”

溥仪：“最好从简单入手，从无到有，从浅到深。”

周恩来在这里所使用的主要沟通技巧就是提问。

当溥仪提出想到轻工业或公社中工作时，周总理知道并不适合他，但又不能当面拒绝，于是便就此提出了各种问题。他不可能不知道溥仪高度近视，让他到研究所从事化学或物理方面的工作更是难题。但他故意把这些提出来，就是为了让傅仪自己说出来自己不能胜任。

果然，在一连串的难题面前，溥仪打了退堂鼓，接受了到北京植物园工作的安排。

同样一句话一个想法，由你告诉别人，他们会怀疑、会排斥、会反对；让他们自己说出来，他们会相信、会接受、会当成是真理。

设计好问题，让对方把答案说出来，而这个答案正是你想要传递给对方的想法，这就是提问沟通术的精妙之所在。

用提问旁敲侧击你的对手

这是指不从正面切入，而是从侧面指向问题的实质的一种提问方法。适用于双方经过一段时间的劝说与反劝说而未能取得理想效果的时候，一经“敲击”，很可能会别开洞天，取得“四两拨千斤”之效。

第二次世界大战期间，美国陆军参谋长乔治·马歇尔将军和三军总司令罗斯福总统就制订战略计划发生了分歧。马歇尔认为美国必须大力加强地面部队，而海军出身的罗斯福则认为，目前最重要的是要加强空军和海军的力量，双方交锋多时，相持不下。

马歇尔心里对罗斯福对海军的偏爱很是不满，但没有明说。在又一次交锋中，一向面色冷峻的马歇尔突然摆出一副笑脸说：“总统先生，你不要一提海军就‘我们’，一说陆军就‘他们’，行吗？”说罢，客气地坐下，把那份战略计划推给了罗斯福总统。

罗斯福仔细地看了一下马歇尔，不自然地笑了。他客观地研究了马歇尔的建议，最后终于接受了以地面部队为主导的观点。

很明显，如果马歇尔大喊大叫“你偏爱海军”与罗斯福纠缠个没完，结局会是如何难堪。而马歇尔先以一句话轻轻的“旁敲侧击”，再用以诚恳的问句“行吗？”，不仅暗暗指责了罗斯福的偏颇，也暗示了如果罗斯福不去掉这种偏见将会对美国产生的不利影响与危害，可以说是不卑不亢、一语千钧、意味深长。

用问题控制对方的回答

回答问题本来是被问人的事，但有时问话人可以在一定程度上控制对方的回答。

罗斯福在当选美国总统之前，曾在海军里担任要职。

一天，一位朋友向他打听海军在加勒比海一个小岛上建立潜艇基地的计划。罗斯福向四周看了看，压低声音问：“你能保密吗？”

“当然能。”

“那么，”罗斯福微笑着说，“我也能。”

委婉含蓄的拒绝，轻松幽默的情趣，既表达了自己不能泄密的原则立场，又没使朋友尴尬难堪，这种控制对方回答的提问产生了非常好的效果。

这种效果的取得，关键在于罗斯福接过对方的话头说“我也能”，但对方的话语却是罗斯福诱导出来的，罗斯福选择“能保密吗？”的是非之问，也就决定了对方必然会说“能”，而这恰好就进了罗斯福的“圈套”。

第五章

FBI 询问术：如何通过交谈获得你想要的信息？

恰当地提问可以更好地开启话题

FBI在办案过程中，为了案件的侦破，避免不了与犯罪嫌疑人和证人进行会话，在这一过程中，FBI探员向犯罪嫌疑人和证人提出问题，就是不可缺少的环节。虽然对很多问题，他们只需要单刀直入地提问，但为了缓解嫌疑人和证人紧张、尴尬的心理，以及巧妙地引出更多线索，他们在提出问题时，往往也会采取一定的技巧。

不然，一旦引起嫌疑人和证人的厌倦情绪，他们就会采取敌对态度，做出防卫反应，这样双方就很难合作了。所以，为了快速切入话题，顺利完成审讯任务，FBI探员不仅会注意自己说话的态度，同时也会讲究话语的使用技巧。

可见，在会话中，采用提问切入话题的方式，绝对不是随便地提问，而是有讲究的，也就是说，它需要一定的技巧。否则，可能导致事与愿违。那么，在交流时，如何进行提问才对顺利完成交流过程有帮助呢？

1.有意义地提问

会话时，在提问之前需要认真思考，不能做应急反应的随意提问。毕竟沟通能够体现一个人的自我形象，一个简洁的、有意义的提问，可以给人留下成熟睿智的印象，而唐突地提问，则往往使人陷于尴尬境地——或者对方不知道你为什么要问这个问题，或者他不清楚是否应该给予回答，甚至不清楚应该用怎样的态度去回答。尤其在与上级或资深人士交流时，一定要注意这个问题。因此，在提出问题时，要清楚自己要问什么、对方会有什么反应、是否能达到自己的目的，等等。

2.边看边问，边听边问

在很多时候，有准备的提问，不是说就一定要把事先准备好的问题全部拿出来，而是需要边看边听，并在这一过程中根据实际情况做出相应的调整。当然，通过调整，可能有一些事先准备的问题就不需要再提出了。其实，这是一种必要的变通，也是在会话过程中应该懂得的问题。一个人能否在会话时，提出有水准、有价值、对持续交流有帮助的问题，从某种意义方面来讲，也是对其观察能力和倾听水平的考察。这种提问技巧，在访谈、汇报工作以及交流会等场合中，运用得比较多。如果掌握不好，可能会出现重复提问等情况。

3.选择正确的提问方式

在提出问题时，一定要注意自己的问话方式，因为站在不同的角度提出问题，对方的反应也一定不同，得到的回答也不会相同。一般情况下，提问的方式有这样几种：

（1）问：将自己想要了解的问题直接提出来。

（2）反问：从相反的方向提出问题，这样对方就只能做出回答。采用这样的提问方式，目的就在于让对方对问题无法回避。

（3）侧面提出问题：不直接将问题提出来，而是通过旁敲侧击的方式，迂回地转到正题上来。

（4）设问：可以假设一个结论，并将其提出来，让对方通过这一问题进行思考，继而使其将问题回答出来。

（5）追问：抓住对方所谈的问题，不断进行提问，也就是打破砂锅问到底。

4.先提问题，再说背景

向对方提出问题时，要言简意赅，不要啰唆，最好控制在20个字之内。如果需要介绍关键的背景资料，在点明问题之后再去加以介绍和解释。一般情况下，要整理出三个以上的关键点，来支持问题或者结论，然后再继续观察。如果还有必须再说明问题和细节，才需要继续说明。

5.把握提出问题的时机

在提出问题时，不可过于莽撞，什么时候适合提出问题、应该提出怎样的问题都是需要进行思考的。在一个好的时机提出合适的问题，对引起对方的注意大有帮助，这样可以掌握主动权，使交流按照自己的意图进行下去。

6.充分考虑对方的特点，有针对性地提出问题

在会话时，所面对的不同对象会有不同的个人情况，如职业、年龄、身份、文化背景、性格、生活经历等因素。因此，在提出问题时，也要根据不同情况做出不同的提问方式。如果对方具有雷厉风行的个性，你提出问题时就要简洁明了；如果对方比较挑剔，提出问题时就要谨慎周密，以免惹麻烦；如果对方比较急躁，提问时就不能过于直白；对面开朗者时，提出问题时就可以随意一些。总之，根据不同情况采取不同的提问方式，不可以千篇一律。

在会话时，想要掌握主动权，快速准确地切入话题，可以试着用提问的方式，并且掌握提问的技巧和方法，针对不同情况，恰当巧妙地抛出你的问题，引起对方的关注和兴趣，使交流顺利完成。

FBI如何识破造势者的假象

FBI前任代理局长弗洛伊德·I.克拉克曾经说过："在实战中不要被对手的外表所蒙蔽，更不要受到他们看似强大的气势的影响。因为在很多情况下，对手表现出的这些特征都是假象，这多半是他们试图掩盖内心惶恐不安的一种表现。而对待这样的人，就要勇于揭穿他们，让他们的心理防线迅速瓦解，如此一来，获胜的几率就会大大提高。"

正如弗洛伊德·I.克拉克局长所说的那样，现实中的一些犯罪分子确实善于为自己造势。比如他们会通过抬高嗓音的方式来掩饰自己的谎言；通过借助环境或地形等方面的优势为自己营造强大的气势。但无论他们如何造势，其内心的恐惧或不安都不会消失。而FBI也正是由于能看穿犯罪分子内心的不安和恐惧，才不会被他们制造出的强大气势所迷惑。在FBI实战中，类似的案例非常多，而其中一件发生在弗洛伊德·I.克拉克局长身边的案例尤为经典，这是FBI在实战中看穿造势者外强中干内心世界的一次精彩对决。

在弗洛伊德·I.克拉克担任FBI代理局长的1993年，美国亚利桑那州首府凤凰城发生了一起持枪抢劫案——劫匪将一家大型珠宝店的店长劫为人质后迅速逃离至凤凰城郊外的一处教堂。弗洛伊德·I.克拉克驱车追赶过来时，劫匪驾着人质早已进入到教堂里。弗洛伊德·I.克拉克在教堂的二楼发现了绑匪，他正将刀子架在人质的脖子上，还大声喊道："不要过来！否则我就杀了她！"弗洛伊德·I.克拉克只好站在原地。

过了一会儿，弗洛伊德·I.克拉克缓缓地对劫匪说道："嗨，老弟，有什么事情都可以商量，先放了人质再说。"

听罢此话，劫匪大声说道："让我放了人质简直是做梦！马上给我找一辆去往机场的汽车，否则我将引爆身上的炸弹！"

听到这里，弗洛伊德·I.克拉克不禁被惊出一身冷汗，因为他知道穷凶极恶的犯罪分子什么事情都可能做出来，但他在听犯罪分子讲话的过程中却发现，犯罪分子在说话的时候虽然表现得非常凶狠（给人的感觉气势非常强），但其话语中却透着一丝颤抖。

由此，弗洛伊德·I.克拉克初步断定犯罪分子的内心充满了恐惧。做出这一判断之后，弗洛伊德·I.克拉克以安排逃生汽车为由走出了教堂，随后他迅速拨打了要求支援的电话，并在电话中对抓捕行动进行了部署。做好这些准备工作后，弗洛伊德·I.克拉克再次找到藏在教堂里的犯罪分子，并告之为其提供的逃生车辆已经准备好。闻语，犯罪分子随即便架着人质走出了教堂。

走出教堂后，犯罪分子正要走向汽车时，弗洛伊德·I.克拉克对其说道：“老弟，先放了人质吧！”

“少废话，再啰嗦我真的要引爆身上的炸弹了！”说完他还恶狠狠地瞪了弗洛伊德·I.克拉克一眼。

此时，弗洛伊德·I.克拉克清楚地感到，虽然犯罪分子的目光十分凶狠，但其声音中依旧透着颤抖，并且他说话的同时，右腿还发生了轻微的抖动。弗洛伊德·I.克拉克凭借多年的实战经验认为，犯罪分子身上根本没有炸弹，这只是他为自己造势撒的谎而已。为了能保护人质的安全不受伤害，弗洛伊德·I.克拉克认为，对付为自身制造气势的犯罪嫌疑人，最有效的方法就是对其实施攻心策略，只有这样才能让他们丧失抵抗心理。于是他一改此前平和的语气，用严厉的声音对犯罪分子大声说道：“你在撒谎，你身上根本没有炸弹！”

此话一出，犯罪分子猛地摇了一下头，并且双腿也在不自觉地发生颤抖。弗洛伊德·I.克拉克见此情况继续大声吼道："放开人质，停止不必要的抵抗吧，这样你才能有出路，否则后果将不堪设想！"此时的犯罪分子听完这些话后，再也没有此前看似强大的气势了，身子一软，瘫坐在地上，而最终，弗洛伊德·I.克拉克没费一枪一弹便成功抓获了他。

事后对犯罪分子的讯问中，弗洛伊德·I.克拉克发现，正如自己的预测一样，犯罪分子身上并没有携带炸弹，他这样做的目的就是想为自身提高"不可战胜"的气势，以便迷惑FBI特工。但他没有想到的是，弗洛伊德·I.克拉克凭借超群的胆识以及独特的慧眼看穿了隐藏在他内心深处的秘密，从而战胜了他。

每当回想起这个故事时，弗洛伊德·I.克拉克都会这样说："在与对手交锋的过程中，当看穿对手的心理秘密以后，提高说话声调不仅在心理上能占据优势地位，更重要的是这能让对手受到惊吓而不知所措。"他从多年的心理研究中发现，在与对手交锋的过程中，说话的声调必须要大，这样才能在心理上占据优势地位。如果在与对手交锋中说话声音小，而对手的声音大，就会造成在心理上你输给对手的情况。如此一来，还如何能镇住对手呢？美国心理研究中心的一项研究表明，人说话声音声调的高低与其内心是否自信有关，很多时候，那些说话声调小的人往往是一些不自信的人，而这样的人与对手交锋时又怎么能有效地镇住对手、一招制敌呢？因此，有时在与人交谈时不能在声调上输给对方。

此外，在弗洛伊德·I.克拉克看来，对手即使把计划做得再周密，为自身营造的气势再强大也会有疏忽的地方，即对手会露出“小尾巴”。很多时候，对手出现“小尾巴”是非常致命的，因为它能将对手的心理特征和行为特征表露无遗。这样一来，当有人发现并抓住其“小尾巴”后，也就等于抓住了他们致命的弱点，而在这个时候，对其展开语言攻势就能击破他们的弱点，从而达到镇住对手的目的。

从弗洛伊德·I.克拉克解救人质这一案例中可以清楚地看出，虽然起初他遇到了气势非常强的对手，但他并没有受其影响，而是通过观察和分析看穿了犯罪分子内心的秘密——外强中干，最终用强有力的话语对其发起强势攻击，从而取得了胜利。而在职场或日常生活中，我们也可通过这种方式应对自己的对手。

关键时刻，要一针见血地切中要害

国际著名谈判专家罗杰·道森曾经说过：“在与别人说话的过程中，要时刻观察对方的言行以及情绪变化，并用一针见血的说话方式与其进行交流，这样才能与其有效地建立起良性的沟通，在提升自身语言魅力的同时，也让别人被自己的语言魅力折服。”在这段话中，罗杰·道森所强调的就是一针见血的说话方式的重要性。

作为一名谈判专家，罗杰·道森知道与对方沟通时应该采取什么样的说话方式，能够在交谈中取得成功。在他看来，在众多说话方式中，一针见血的说话方式有时可以发挥出非常好的沟通效果，更是让自身言语瞬间充满极强魅力不可或缺的方式。

20世纪90年代初，罗杰·道森运用一针见血的说话方式与伊拉克前总统进行了谈判，并成功说服萨达姆释放一名被绑架的美国人质。这一天，罗杰·道森刚参加完会议准备回家时，一阵急促的电话铃声响起，电话中的人传来急迫的声音，声称自己在科威特石油公司的一位亲戚被萨达姆的卫队扣为人质。电话里的人非常诚恳地邀请罗杰·道森为谈判代表，声称“就算倾家荡产也要赎回他的亲属”。此时电话里的人大哭了起来，罗杰·道森劝慰了他，并告诉他不用花一分钱就可以将他的亲属赎回，虽然这个人对罗杰·道森的谈判能力表示认可，但他还是对罗杰·道森“不花一分钱就可以赎回自己亲属”的话将信将疑。

随后，罗杰·道森便开始着手准备谈判方面的事宜。通过分析他认为，萨达姆之所以扣押美国人质或许是因为自身有强烈的不满，甚至与两国之间的政治也不无关系。罗杰·道森继续进行深入的分析，他认为人质不会有生命危险，因为他考虑到在海湾战争期间，国际社会对萨达姆的印象都不太好，萨达姆也意识到要改变这种糟糕的情况。如果他杀害了美国人质，国际社会对他的印象将会更加不好，因此，萨达姆不会因为一个美国人质而毁了自身的形象。不久之后，罗杰·道森便几经周折踏上了与萨达姆谈判的路途，双方最终约定好在伊拉克邻国——约旦进行会面。他见到萨达姆，简单寒暄了几句之后，便开门见山地对萨达姆说道：“总统先生，我这次专门从美国而来，就是要与你就美国人质问题展开谈判。”说完他看了萨达姆一眼，还没等他开口便提高了嗓门，一针见血地说道：“我想总统先生肯定不希望自己的形象受到损害，但如果你继续扣押人质，对你改善自身形象是极其不利的，如果你能释放人质，并在镜头前就扣押人质的事情做出道歉的演讲，这无非能极大地提高你的个人形象，也能消除国际社会此前对你的不良印象。”很多人会认为脾气火暴的萨达姆不会听从罗杰·道森的建议，可没想到萨达姆主动走向前，握着罗杰·道森的手向其表示会尽快释放人质，随后他通过伊拉克广播电台发表了一段长达15分钟的电视演讲，演讲中明确表明会尽快释放美国人质，并愿意为人质受到的伤害负责。几天后，被扣押的美国人质平安回到美国国内，民众向其表示祝贺的同时也对罗杰·道森高超的谈判技巧深感钦佩。于是，美国国内的媒体铺天盖地对罗杰·道森进行了采访，问的最多的问题就是他是如何成功说服萨达姆释放人质的。罗杰·道森的回答只有短短的一句话：“要一针见血地说出对方心里所想。”

罗杰·道森的案例向人们传递出这样一个信号：要想让自身的言语被别人采纳或接受，就要一针见血地说出对方心里的想法，必须要明白对方想要什么，因为自身想要的东西对于对方来说可能是毫无价值可言的。罗杰·道森成功说服萨达姆迅速在美国国内传播开来，很多大学的心理研究中心甚至将其作为向学生们教授的训练课程，因为在他们看来，罗杰·道森所采取的一针见血的说话方式是说服对方，让对方在自身语言气场下“屈服”的关键要素。

虽然一针见血可以有效说服对方，并让对方感受到自身释放出的强大气场，但现实中很多人总不能掌握这种行之有效的说话方法。比如一些人与人说话时，总不能切中主题，说话含含糊糊，不着边际，这样一来，别人就很难理解言语中的意思。其实，只要改变说话方式，与别人谈话过程中不拐弯抹角，而是用一针见血的方式道出别人心里想说的话，这样就可以让别人深深地感受到自身独特的语言魅力，从而让表达素养得以大幅度提升。

其实早在1999年，美国哈佛大学的语言分析研究小组就做过这样一个实验：让参与调查的人员含糊其词和一针见血两种说话方式进行沟通看哪种交谈方式更能说服别人。交谈结束后，他们从调查者口中得知，一针见血的说话方式比含糊其词的说话方式更能说服一个人，并让对方信服。在调查者看来，采用一针见血的方式交谈，能很快吸引别人的注意力，别人也会将注意力转移到自己身上，为有效沟通奠定基础。另外，一针见血的说话方式也能让对方很快理解谈话内容，不会因为含糊其词而产生猜忌，如此一来，沟通效果便愈加明显，从而最终说服别人。

为了进一步说明一针见血说话方式的有效性与重要性，让我们再来看看发生在罗杰·道森身边的另一件事。

罗杰·道森在担任前美国总统克林顿的首席谈判顾问期间，为克林顿的成功连选做出了不可磨灭的贡献。1996年美国进行了总统大选，大选中面对来势汹汹的共和党人罗伯特·多尔，克林顿感到一丝压力，因为他知道罗伯特·多尔素来以刁蛮著称，经常对别人出现的一点错误大肆宣扬，以达到自身的目的。在竞选演讲中，罗伯特·多尔故意提高了嗓音，对克林顿在环境保护方面出现的失误提出了严厉的批评，认为是克林顿的不作为。罗杰·道森听在耳中，决定对其反驳，他厉声说道："你所提及的问题早就已经得到改善，你怎能抓住这件事不放呢？这明显传递出你的险恶用心！"罗杰·道森一针见血的反驳让罗伯特·多尔一时语塞。他刚想反驳，可还没等他张口，罗杰·道森便继续说道："如果某些人总是抓住过去的事情不放，只能表明这个人是想阻挡住改革的步伐！他的用心也是极其险恶的！"说完这些话后，罗杰·道森抬起头望着罗伯特·多尔。此时的罗伯特·多尔好像是被霜打过的茄子一样，神情沮丧、面无表情，以致他再也没能说出刁蛮无理的言论，最终克林顿再次成功当选总统。

罗杰·道森之所以能帮助克林顿成功担任总统非常关键的因素是他用强大的语言震慑住对方，让对方失去反驳的能力。而一针见血的说话方式正是让强大语言发挥出极致的关键因素，因为罗杰·道森对罗伯特·多尔刁蛮无理的言语实施了一针见血的“轰炸”，这样一来，就能直击罗伯特·多尔的心理软肋，最终让其在强大的语言下屈服。

由此可以总结出，在与人交谈过程中，一针见血的说话方式必不可少，因为它是说服别人、震慑别人最有利的“秘密武器”，而且这种武器还能在无形中增强自身的气势，让自身变得更加强大。

必要时，顺水推舟也是取得完胜的良策

FBI能够利用反驳的博弈方式不断地让嫌疑人说出真相，而且能够识破其谎言。其实，FBI常用的还有一种博弈法则，那就是不处处紧逼和反驳，在恰当的时候来个顺水推舟，以退为进——这同样也能引出藏在谎言背后的

内幕。

虽然反驳在博弈论中属于一个重要的方法，但是FBI警察通过多年的办案经历告诉我们，处处反驳对方未必是唯一的取胜之道，有时候顺水推舟更容易揭开对方的骗局、识破对方的谎言。在这一过程中，只要能找到目标，以退为进，往往就可以将谎言背后的大阴谋牵引出来。

FBI前局长路易斯·弗里赫经常对警员们说："要学会灵活处理案子。我们不应一味地去反驳，还应该要学会以退为进，顺水推舟。"一般情况下，FBI警察们往往会为了尽快地揭开谎言和骗局，总是处处反驳嫌疑人，反驳对方的各种说法。而且，为了反驳对方，还不惜一切去寻找有力的证据，但是很多时候不仅浪费了很多时间，也没有顺利地识破对方的谎言。因此，FBI的领导人物才会提出要适当地顺水推舟，以静制动，以此来获得应有的收获，引出对方谎言背后的真相。

FBI的博弈之法并不是简单的对决，而是依靠心理战术和具体且有合理规划的行动结合而成的一种非常有效率的行为。顺水推舟之后引蛇出洞，然后一网打尽，揭露其中的骗局。

处处反驳并不能让对手屈服，还会容易打草惊蛇，让对方有更加强烈的防备。FBI谈判专家，在测试和识破谎言的时候，应该给对方一些时间，顺水推舟，让事情有一定的缓和余地。在这样的情况下，警察们就可以以退为进，做到主攻了。

FBI在审问犯人的时候，尤其是那些测谎专家，往往不会像那些生硬的警察一样一开始就处处紧逼和反驳对方。大多会采取顺水推舟的博弈方法——有时候，欲擒故纵对揭穿谎言有很大的效果和作用。心理学家研究表示，相对于强硬的反驳和适当的迎合，人们都会选择后者，这是心理上的一种反射作用。没有人会拒绝甜美的赞赏，所以，要想学会这种博弈方法就必须学会顺水推舟，以退为进，从心理上读懂对方的真实需求，从而顺利地识破对方的谎言。

顺水推舟的博弈方法，能够让FBI的警察自然而然地顺着对方的话语说下去，当然在这其中要明白自己的重任——识破谎言，所以要想办法让话题转移到对自己有利的方向和目标上。这种方式对识破谎言十分有效，然而，要想取得预期的效果，FBI谈判专家人们应该注意以下几点：

首先要先认清对方的心态，观察清楚对方的心理状况。因为对方的心态直接就决定着FBI警察与之谈话的内容和方式。所以，要想顺水推舟地进行博弈就要把握住对方的心态，这样才能将接下来的事情进行得顺利。

其次，还要因势利导。很多时候，机会是需要被创造的，不能够一味地等待着机会自己降临。FBI警察在与对手谈话的时候会很注重因势利导，尽量克服对方的抵触心理，并且会根据谈话来软化自己的立场。可以说，只有这样，在顺水推舟的时候才能让对方更加信任你。当对方对你产生信任之后，一切就都能够很好地顺利进行下去了。在这样的情况下，FBI会打探到更多的消息，而采取处处反驳的方式往往是不会得到这些消息的。

总之，有时候想要识破对方的谎言需要的不仅仅是反驳他的观点，而是要顺水推舟，让对方说更多的话，这样，对方的谎言自然也就隐瞒不住了。

咆哮式审讯往往是有效的

咆哮式审讯也是FBI在审讯时惯用的手段，虽然这样的审讯方式看上去有些简单粗暴，但事实证明这种简单粗暴的方式往往是很有效的。

曾在犯罪率极高的新奥尔良市警察局供职的FBI探员布拉德这样说过："狂风骤雨般的审问对于一部分罪犯是非常有效的，不是说他们害怕这种粗暴的审讯方式，而是通过咆哮，会强化警方的气势，而这种气势会给嫌疑人带来巨大的心理压力。"

至于咆哮的运用，布罗姆教授也总结出了以下一些技巧：

1.咆哮就要歇斯底里

布罗姆教授指出，如果确立了使用"咆哮"来审讯囚犯，审讯者就需要加强自己的能量，"一怒到底"。

他表示："做任何事情都不能浅尝辄止，审讯犯人也同样如此。如果嗓门不够洪亮，表情不够震怒，那么你最好就不要咆哮，因为这对于犯人是起不到任何作用的。不彻底的狂怒会使整个场面陷入一种尴尬的境地，一旦罪犯的感情没有被调动起来，那么对他而言，你现在的表现就像是在演戏。"

2.咆哮，再果断一点

在冲着犯人咆哮的时候，一定要让自己显得更加果断一些。对于这一点，布罗姆教授做了一个非常有意思的比喻："NBA的篮球裁判们看上去很公平，明查秋毫，但实际上他们也不能保证自己的每一次判罚都是正确的。他们要做的，就是让自己时时刻刻看上去都无比坚定。"如果篮球裁判在做决定的时候显得犹豫不决，球员们就会怀疑"他真的是这样想的吗""他其实也不能确定"等，而这样就很容易让彼此陷入互相的猜忌当中。

美国警察在审案的时候也非常重视这一点，他们在咆哮的时候总是显得无比自信，不容置疑，以致每一个罪犯都因此而胆战心惊。经过一次又一次这样的冲击之后，罪犯最终缴械投降，也就在情理之中了。

3.言之有物的咆哮才能造成持续的压力

在布罗姆教授看来，咆哮不是单纯的怒吼，而且怒吼是没有丝毫意义的。在咆哮的同时举出一些非常重要的物证，这对于罪犯的心理打击是非常有效果的。

FBI"以话套话"的审讯方式

FBI工作人员在审讯中，面对的犯罪嫌疑人通常都具有强烈的防御意识，他们不会轻易地交代自己的罪行，也不会配合FBI的案件相关提问。如果这个时候对罪犯进行直接追问恐怕会使审讯陷入僵局，得不到有关案件的任何信息。所以在审讯中，FBI工作人员只能通过旁敲侧击、以话套话的迂回方式，使其放下警惕，从而得到更多有利信息。

在生活中，当一个人说错话或者做错事时，旁边的人会不自觉地想要去指正对方，这是人们广泛存在的心理效应。如果有人想要向对方了解一件事情，而又不好直接去问，就会故意说错话，然后等待对方纠正，这样就能够获得事情的真相。这种技巧就是“以话套话”，也是人们生活中常用的一种心理战术。

FBI在审讯的过程中，就会采用这种故意说错话的方式使对方降低警惕，使其不由自主地讲出真话暴露自己的罪行。FBI探员卢卡斯曾经审讯过一个强奸杀人连环案的凶手，然而当时由于没有足够的证据对其进行判决，整个案件陷入了僵局。后来，FBI在审讯中发现，这名罪犯有轻微的顺序强迫症，他无法忍受某些既定的顺序被打乱。于是，FBI探员卢卡斯决定利用这点逼迫罪犯露出马脚。在审讯的时候，卢卡斯拿出所有被罪犯杀害的女性死亡时的照片，并且按照案件发生的时间将照片依次在审讯室的展示板上排好，然后再将其中几张打乱顺序，让罪犯一眼就能发现错误。在审讯的过程中，FBI认真地询问有关案件的各种细节，然而罪犯回答时却心不在焉，眼睛不时地瞥向展示板，显得焦躁不安。卢卡斯观察到这种情况后，指着被打乱顺序的照片说："第三个被害的女人是你用什么凶器杀死的？"其实，FBI只是为了在罪犯面前强调那个错误的"第三"而已。这时，罪犯终于忍受不了，疯狂地站起来说："你们这些废物，她是第六个死的！"接着，他又走向展示板去调整照片的顺序，并继续说："这个女人应该是第一个死的！这个是第五个死的！你们这些白痴！"卢卡斯看到这种情况，笑着说："哦，好像是啊！谢谢你纠正这些错误。但是这些案情并没有向外公布，你是怎么知道这些案件发生的顺序呢？"顿时，罪犯瘫在地上，不得不供出自己的罪行。

这些就是FBI在办案的过程中使用的"以话套话"的方式来获得案件的真实情况的案例。在日常生活中，这种套话的技巧也非常有用。比如你刚进一家公司，想要知道自己的领导是不是已经结婚了，但又不好直接地问别人。这时，你就可以向你的同事这样询问："听说咱们的经理结婚快两年了，看起来真的很年轻，根本就不像结过婚的人。”这时，你的同事会说：“不是啊，他结婚才刚刚半年。”“啊，那就是我记错了。”这样一来，你想要知道的答案已经获得了——经理已经结婚，而且已经结婚半年了。

人们在生活中都有纠正别人的错误来显示自己博学多识的欲望，而“以话套话”就是建立在人类这种心理特征的基础之上的。另外，这种“犯错”的套话技巧也能起到活跃气氛的作用。比如开会的时候，领导在发表讲话，下面人都在静听，会议室里一片寂静。讲着讲着，领导开始不断地出现错误，连常识性的东西也讲错。下面胆大的员工耐不住了，然后开始纠正。领导听后，笑着说：“我讲的当然并非都是对的，所以需要你们的意见和建议。好了，现在终于有人开始发言了。”接下来，原本沉闷的会议变得活跃起来，大家纷纷提出自己的建议。

从上述的例子可以看出，有时故意犯错是一种说话的艺术，是一种与他人交流的技巧。人们之间不可能没有交流，而言语就是联系人与人之间的纽带，直接影响着一个人的一生。妙语连珠固然可以吸引他人的注意力，但是把握他人的心理，运用良好的说话技巧更能为自身增添更多魅力。FBI表示，在日常生活中，要灵活地掌握说话的技巧，巧妙地让对方接受自己的观点，不在心理上有排斥感，才能让事情更顺利地按照自己方向发展。

FBI 强大的沟通管理术

FBI身为美国最让人信任的警察以及特工组织，在美国社会上拥有着非常高的地位，而其成员们都为自己身为FBI的工作人员感到骄傲和光荣。美国著名的心理学家朱利安·泰普林曾经做过一项调查研究，在美国，有60%~70%的青年都想成为一名FBI警察。这个结果表明，FBI拥有着巨大的魅力。可以说，FBI的魅力首先体现在管理上，而说到管理，不能不说的就是关于FBI那强大的沟通管理术。由于沟通是解决任何问题的开端，也是促成任何事情的一个必要过程，因此，FBI把沟通管理这一项看得十分重要。

众所周知，FBI经常会与各种形色各异、身份不同的人打交道，那么在与这些人打交道的时候，FBI自身就需要极强的沟通能力。一个人在沟通上如果表现得十分低弱，那么在与陌生人沟通的时候就容易发生冲突或者是发生一些不必要的问题，而FBI就不会——每个FBI的成员都拥有能说会道的沟通术，尤其是在打开沟通之门的时候，他们能把沟通术运用得十分巧妙，这主要是因为FBI在接受管理训练的时候特别注重打开沟通之门这项训练。其实，这个方法很简单，也很实用，那就是用对方感兴趣的话题来打开沟通之门。

FBI特别管理训练小组的组长乔治·霍尔特在管理自己手下人的时候，曾说过这样一句话："要想让对方说得更多，就必须先要用他感兴趣的话来打开你们之间的谈话之门。"这句话无疑表明了FBI那种强有力的沟通术的来源，正是因为FBI抓住了对方的兴趣点，沟通才得以顺利进行下去。

FBI在对员工进行沟通方面的训练和管理的时候，主要是根据以下几个方面来实现的：

第一，想要找到对方感兴趣的话题，必须先要学会察言观色。欲寻鱼，先寻水，要想找到令对方感兴趣的话题，首先要做的就是细心观察。通过观察对方的举动和表现，甚至是心理活动，看出对方感兴趣的话题是什么。

FBI曾经遇到过很多复杂的难题，有一次，调查员本·休斯·汉弗莱接到上级的命令，去宾夕法尼亚洲的一个小镇上请一位早年退休的老牌侦探豪斯出山，帮助破解一宗十分复杂的案子。汉弗莱本以为这是一件轻松的差事，只要找到了人，说完了事情就可以了。可是，他没想到这位与他平生素未谋面的老侦探却是那么不好对付。当汉弗莱来到住在湖边的豪斯的面前，告诉他自己前来的目的和上级带来的书信后，豪斯根本没有看那封信，而是把它放在桌子上，然后走到院子里浇花去了，这让汉弗莱备受打击。

汉弗莱是一位不到30岁的青年，虽然他脾气暴躁，但是在这个倔强的老头面前，他还是强忍住了心中的怒火。接下来一连三天，豪斯都只是与他说几句寒暄的话，从不多说什么，看上去他们都是各忙各的。汉弗莱整天在豪斯的客厅里看一些无聊的报纸杂志，后来他发现豪斯的客厅里面摆的最多的就是一条漂亮的萨摩犬的照片，其中有豪斯年轻时与萨摩犬在一起的照片。汉弗莱看到豪斯脸上的笑容是那么开心，心中似乎明白了一些事情，于是他马上给华盛顿FBI总部打去了电话。

第二天，汉弗莱就牵着一条跟照片上的萨摩几乎一模一样的萨摩犬出现在了豪斯的院子里，看到萨摩犬，豪斯眼睛中立刻溢出了晶莹的泪水，随后便与汉弗莱相谈甚欢，并答应了汉弗莱的要求，再帮FBI破一次案。

通过这件事情，我们可以看出，只要细心地观察，总能够发现对方感兴趣的话题；只要话题找对了，沟通就会变得非常容易。FBI正是因为重视这种沟通管理，强调用观察来促进沟通的实现，这才找到了对方感兴趣的话题，从而打开他们之间的沟通之门。

第二，通过别人来了解对方感兴趣的话题。这也是FBI沟通术的一种体现，要想发现对方感兴趣的话题，有时候需要借助别人的线索来了解。FBI比较重视每一个警察的沟通技能，而在沟通管理中也是需要多方面的训练的，通过别人来旁敲侧击或者正面询问都能够得出对方的很多信息，然后通过这些信息再去与对方相互了解，就能使沟通变得容易。FBI在与犯罪嫌疑人沟通的时候往往都是通过这个方法来进行的，尤其是在审讯犯人的时候。FBI的学员劳森告诉人们，在FBI有一项十分有意义的管理课程，就是学会与犯人打交道，而其中有一课是每个人要负责一个犯人，全程进行审问，到最终得出真相。这个过程是每个FBI的新成员所必须接受的管理和训练，主要就是训练这些学员们的沟通能力。一般在这个过程中，学员们都会按照老师们的意见去询问每一个跟犯人有关系的人，从他们那里得到一些线索或者是犯人弱点（这是非常重要的前提）。

一旦找到了关于犯人最感兴趣的那个话题，就可以用这个话题轻松打开与犯人的沟通之门，而真相很快就能摆在眼前了。

第三，从看似“无意”的对话中找到对方感兴趣的话题，打开沟通之门。FBI管理课程中在沟通方面的细节部分其实不少，有时候要想与对方实现进一步良好的沟通，前戏必须得做足。FBI的探员通常在与陌生人对话的时候，会进行一些表面上的寒暄，其实这些寒暄并非“无意”或者是“正常”的寒暄，而是FBI探员有意的放话或者是试探，借此企图从对方的口中得到有用的线索和话题，好为日后的谈话和沟通做准备。

FBI探长巴比特·伍德手下的员工有四名外勤探员，经常跟随他一起出去办案。由于巴比特是一名老牌探长，经验非常丰富，有很多年轻的探员都想跟着他。而值得一提的是，巴比特这个人十分幽默却又不失严肃，尤其是在与别人进行沟通的时候，他的高明更是令其手下佩服不已。有一次，巴比特要去拜访一个州长，但是要见州长并不是一件容易的事情，得先要过了州长办公室的秘书这一关。州长的秘书叫马尔兹·里德，是一个不好惹的家伙，但是在巴比特看来，他并不算十分强劲的对手。巴比特见到马尔兹的时候并没有直接提出要见州长，而是上前给了马尔兹一个拥抱，并且说：“马尔兹先生您好，早听说您在国家政务厅工作，原来在这里，恭喜恭喜啊。”马尔兹有些搞不明白，心想自己也没见过这个人，这个人怎么会知道自己的名字呢？但是出于礼貌，他也回了一个拥抱，并说：“谢谢您，好久不见。”紧接着，巴比特递上了自己的FBI证件，马尔兹一看是警察，于是说：“原来是FBI探员光临了，欢迎来到州政府。”巴比特用眼睛迅速地扫视了马尔兹桌子上的摆设和布局，他发现马尔兹文件底下有几张财经报纸，并且上面还用红笔圈圈点点了很多标志，顿时明白这个秘书喜欢炒股。于是，巴比特并没有提出要见州长，而是对马尔兹小声地说：“最近MB的股票涨幅不错，我最近一直在研究，我有个朋友最近买股票赚了一大笔呢，他现在都成财经专家了，我的经验全是从他那里得来的。”马尔兹听到股票的事情之后眼睛顿时发亮，与巴比特聊得也十分起劲，而看着彼此沟通得越来越好，这时，巴比特才对马尔兹说：“我现在有点事情要见州长10分钟，明天我再来找您，我带我那朋友来见您如何？”马尔兹欣然答应，并说：“探长，您这边请……”就这样，探长巴比特成功地见到了州长。

经过FBI无数次的实践证明，以上这三点是FBI有效沟通的重要因素，而要想打开与对方的沟通之门，就必须先要了解到对方感兴趣的话题。因为只有掌握了对方的兴趣爱好才能够和对方进行更好的沟通，而这样就能够了解清楚对方的心理特点，从而从对方的话语中找出你想要的信息。

第六章

销售询问术：如何通过交谈实现超一流业绩？

陈述太多，为何会把顾客吓跑？

第一个原因：陈述使你过早亮出了自己的观点和立场。

陈述通常有一个明确的观点立场，这就很容易被人抓住而提出反对意见。

例如你说："这个蓝色的盆很漂亮！"他们很可能会说"我觉得红色的盆好看，很喜庆。"或者说："我觉得绿色的盆好，能让人感觉到春天！"

当销售员对客户说"下周我们可以对你们的应用系统做一个检测"时，客户可能会简单地答道："没必要，我们的应用系统一直很好。"

第二个原因：陈述更易激发顾客的逆反心理。

逆反心理使人们产生一种与常规相反的意识和行动，当销售人员滔滔不绝地介绍产品的时候，客户会产生一种抗拒心理。

那些习惯于在客户中不断陈述自己产品优势的销售人

员，一定要注意：你越是想努力告诉客户你的产品非常好，常常越会引起客户的逆反心理，他们会指出产品是不好的。

例如：

销售员："我们品牌的洗衣机销量领先，是很多都市白领的首选。"

顾客："真的么？我觉得很一般。"

销售员："今天我来主要想介绍一下我们的产品的功能和特点。"

顾客："我们还不需要这些产品。"

第三个原因：陈述太多，会让顾客产生被说服的感觉。

陈述得越多，意味着顾客要花更多的时间去听。他们听得越多，越会觉得自己处于被动接受的地位。让顾客处于这种地位、产生这种感觉，肯定是不利于销售的。

大多数人喜欢逛街、喜欢购物，就是喜欢那种随心所欲、自由自在的感觉，他们都想主动购买，而很少有人想听从劝告。没有人愿意做一个被动购买者，不希望自己处于被推动、被说服的地位或者让人感觉自己没有主见。

因此，你陈述得越多，越会把顾客吓跑。

话问对了，为何就能拿到订单？

先来看一个例子。

爱德华先生的私家车已经用了很多年，经常发生故障，他决定换一辆新车。这一消息被某汽车销售公司得知，很多销售人员都来向他推销轿车。

每一个销售人员来到爱德华先生这里，都详细介绍自己公司的轿车性能多么好，多么适合他这样身份的人使用，有的甚至还嘲笑说："您的那台老车已经破烂不堪，不能再使用了，否则会有失您的身份。"

这样的话无疑让爱德华先生心里特别反感和不悦。

销售人员的不断登门，让爱德华先生感到十分烦躁，同时也增强了他的防御心理。他心想：哼，这群家伙只是为了推销他们的汽车而来，还说些不堪入耳的话，我就是不买，我才不会上当受骗呢！

不久，又有一名汽车销售人员登门造访。爱德华先生心想，不管他怎么说，我也不买他的车，坚决不上当。

可是，这位销售人员只是对爱德华先生说："您为什么会想到要换车呢？我看您的这部老车还不错，起码还能再用上一年半载的，现在就换未免有点可惜吧？"说完，他给爱德华先生留了一张名片就主动离开了。

这位销售人员的言行和爱德华先生所想象的完全不同，而他之前的心理防御也一下子失去了意义，其逆反心理也逐渐消失了。他还是觉得应该给自己换一辆新车。

于是，一周以后，爱德华先生拨通了那位销售人员的电话，并向他订购了一辆新车。

再来看一个例子。

月饼销售员小王到一个单位去推销月饼，当时距离中秋节有20天。小王经四处打听找到了李科长。

小王："李科长，我是某某公司的销售员。请问，你们单位需要订购月饼么？"

李科长："哦，这事不归我管。"

小王："李科长，如果您是负责人，您会购买我们的产品么？"

李科长："您真会逼人啊！不过说实话，你们的月饼还不错，厂家很有名气！"

小王："谢谢您。那您能帮我联系到负责人么？或者能否帮我引见一下？"

李科长："这样吧，你去二楼的第一个房间找一下采购部的张部长，他管这件事。好像单位还没有订购月饼呢。”

小王：“那太好了，谢谢您！”

这两位销售人员成功的秘诀何在？很简单，就是多提问少陈述。

成功的销售人员通过提问，一步一步引导客户说出了他们的想法和需求。如果销售人员不采取询问的方式，而是长篇大论地介绍自己的公司以及公司的产品，很可能也会被拒之门外。

提问题时，你的观点不明确，就不会激发顾客的逆反心理；而且在询问的过程中，顾客参与到对话当中，他们会觉得自己始终是主动的、自由的，就不容易产生防备心理。

在销售中，多提问有哪些好处？

销售行为的成功，很大程度上依赖于销售人员对客户的了解程度。因此向客户提问的过程是销售人员获取价值信息的重要过程。

提问，就是发现问题、解决问题的最好方式。学会提问，善于提问，是成功销售的重要技巧。有人说，没有不好的销售结果，只有不好的发问方式，因为你的发问方式已经决定了这样的销售结果。

销售工作从某种程度上与医生有着异曲同工之妙。中医讲究的望、闻、问、切四种疗法，这在推销界同样适用——推销人员必须掌握察言观色的技巧，同时还必须学会根据具体的环境特点和客户的不同特点进行有效的提问。在生意场上，巧妙地向客户提问对于销售人员来说有着诸多好处：

第一，发现客户需求。以便发现客户的购买意图，以及怎样让他们从购买的产品中得到他们需要的利益，从而就能针对客户的需要为他们提供恰当的服务，使买卖成交。

第二，保持良好互动关系。当销售员针对客户需求提出问题时，客户会感到自己是对方注意的中心，他会在感到受关注、被尊重的同时更积极地参与到谈话中来。

第三，掌控谈话进程。主动提问可以使销售员更好地控制谈话的细节以及沟通的总体方向，更容易引着客户按照自己的思路走。经验丰富的销售员都善于利用提问来逐步实现自己的推销目的，并且还可以通过巧妙的提问来获得继续与客户保持友好关系的机会。

第四，避免出现误会。在与客户沟通的过程中，很多销售员都经常遇到误解客户意图的问题，不管造成这种问题的原因是什么，最终都会对整个沟通造成非常不利的影响，而有效的提问则可以减少这种问题的发生。

所以，当你对客户要表达的意思或者某种行为意图不甚理解时，最好不要自作聪明地进行猜测和假设，而应该根据实际情况进行提问，弄清客户的真正意图，然后根据具体情况采取合适的方式进行处理。

在销售中，有哪些问话的原则?

1. 一次只问一个问题

在与客户交谈时，一次不能连续问几个问题，只能一次问一个，而且要等他回答后才问下一个。比如说有的讲师讲课时会问："各位，成功需要下定决心对不对？"结果没有一个人反应，他还继续问："一个人成功需要努力对不对？"又是没有人回答，他又问："一个人成功需要很好的销售技巧对不对？"还是没有人回答。这样会越问越死。如果在讲课中当讲师问“各位，一个人要成功，需要下定决心，是还是不是？”学员不回答，讲师就不要问下一个问题，而应选一个学员代表来回答，一直等到有人回答为止。

2. 再问一遍

你前面问过的问题在后面的谈话中又再问一遍，或对方不回答就再问。有很多销售新手不懂这个，每次连续问几个问题，人家不知道回答哪个，要不就是问一个问题客户没有给他回应，没有沟通，然后他就又问另外的问题，这样客户是基本上没有心情听你讲话的，拉动不了他的成交情绪。要明白，客户要产品的同时还要从中得到精神上的享受。

3. 注意重复、停顿、反问

重复，就是当对方没有回答时你要重复一遍，当对方没有搞清楚什么意思时你要重复一遍，当对方对你说的事情没有高度重视时你要重复一遍。停顿，就是你提问后，一定要停顿一下，给客户留下足够的回答空间。很多销售员爱犯的毛病是沉不住气，自己先开口或自问自答。通常在提问之后，马上闭口、停顿，眼睛注视客户，颔首微笑，直到客户说出他所要听的信息。顶尖的销售高手非常注意提问之后的处理，他们努力克服提问后的惯性论述。反问，反问就是当对方问了一些你觉得不好直接回答的问题，你可以反问对方。

4. 根据销售目标，事先设计好你的问题

在约见客户之前，销售人员应该根据实际情况针对最根本的销售目标进行逐步分解，然后根据分解之后的小目标确定各个小问话。这样一来，既可以避免因谈论一些无聊话题而浪费彼此之间的时间，又可以循序渐进地实现你的目标。

5.站在客户的角度提问

要尽可能地站在客户的立场上提问，不要紧紧围绕着自己的销售目的与客户沟通。

6.问题要循序渐进

初次与客户接触时，最好先从客户感兴趣的话题入手，不要直截了当地提问客户是否愿意购买，一定要注意循序渐进。

7.情况不明时，多提探索性问题

如果你对顾客的购买意图以及他们想从产品中得到的利益不明确时，就要学会提出探索式的问题，从而就能针对顾客的需要为他们提供恰当的服务，使买卖成交。

顾客："这款地板的防潮性能怎么样？"

推销人员："您很看重地板是否具有防潮性能的问题吗？"

顾客："绝对不是。这款地板用于我北京的办公室里，北京常年干燥，我不想为地板的防潮性支付任何额外的金额。"

对于这个顾客，你若一味向他介绍地板有多么防潮，你就会把自己推到河里去，一沉到底。

当顾客问到地板的防潮性时，先不要着急介绍产品，而是就防潮性提出一个问题探索客户的意图。

8.要提问，绝不要质问

在推销过程中，你很担心准客户听不懂你所说的一切，而不断地质问："你懂吗？""你知道吗？""你明白我的意思吗？"……从销售心理学来讲，一直质疑客户的理解力，客户会产生不满感，这种方式往往让客户感觉得不到起码的尊重，逆反心理也会随之产生，所以说这是推销中的一大忌。

如果你实在担心准客户在你很详细的讲解中还不太明白，你可以用试探的口吻了解对方，"有没有需要我再详细说明的地方？"也许这样会容易让人接受。在此，给销售人员一个忠告：客户往往比我们聪明，不要用我们的盲点去随意取代他们的优点。

怎样问话，能问出客户的需求?

销售是一个发现客户需求、满足客户需求的过程。对客户的需求了解得越多，你向客户推销成功的可能性就越大。

客户的需求可以分为两组，一组是“显性需求”，另一组是“隐性需求”。

我需要一件衬衫，衬衫是显性需求。我买衬衫是要让自己看上去成熟稳重，成熟稳重是隐形需求。

我想买一辆车，车是显性需求。我买车是为了交到女朋友，女朋友是隐性需求。

销售人员能比较容易地满足客户的显性需求，却很难把握客户的隐性需求。

在了解客户的需求时，可以用封闭式问题。

这类问题客户只能用“是”或者“不是”“对”或者“错”“买”或者“不买”来回答，这种提问是为了确认某种事实，如客户的观点、希望或者反映的情况。例如：

“这是我给您做的保险计划书，您看合适吗？”

“您难道不希望有一份可靠的生活保障吗？”

“您是否考虑过子女今后的教育问题？”

这些问题是让客户回答“是”或者“不是”。如果没有得到回答，还应该继续问一些其他问题，从而确认问题所在。

在销售中，用封闭式问题提问可以更快地发现“问题”，找出症结所在。如果想要让客户尽情表达自己的需求，那就要使用开放式问题。

开放式问题又可分为以下三种：

第一种是询问式问题。即单刀直入、观点明确地提出问题，使客户详细表述我们不知道的情况。例如：

“您用哪些方法防御意外风险？”

“当意外发生时，怎样才能不影响正常的生活？”

这常常是探知客户是否有保险意识时最先问的问题。这些问题能引导客户发表一些自己的意见，我们很容易从他的意见中提取有效信息，获得更多的细节。

第二种是常规式问题。提出常规式问题主要是为了了解客户的基本信息，而很多客户都不愿意详细地告知基本信息。所以，我们可以将这些常规式的问题制作成问卷，让客户很方便地在问卷上圈圈点点。这样一来，我们也能全面了解客户的信息。

第三种是征求式问题。让客户描述情况，谈谈自己的想法、意见和观点，这种问题有利于了解客户的兴趣和需求所在。对于有结果的问题，应问问客户对实施的结果是否满意？是否有需要改进的地方？征求式问题有助于提示客户，也能表达我们的诚意，提高客户的满意度。

五种提问方式，让你搞定客户

1.中性封闭式提问

这种提问方式可以引出一个“是”或“不是”的回答。这是个明确的、不容置疑的回答。

这种中性封闭式提问一般都充当对话过程中一系列问题的一部分，虽并不能引发对方详尽的回答，但却对分辨和排除那些次要的内容很有帮助。这样就可进一步提问了。

卖方：“你们是否出口美国？”

买方：“没有。”

卖方：“贵公司对出口美国会否感兴趣？”

买方：“是。”

卖方：“我们可以……”

中性封闭式提问往往以下列几种形式开头：

“您会否……”

“您是否……”

“您可否……”

2.中性开放式提问

中性开放式提问的目的是获得大量资料。其回答的形式并不由提问者来控制。无论对方的回答多详尽，仍仅仅局限于被提问者所愿意提供的内容而已。

“哪些因素会影响你们的决定？”

“贵厂的生产部经理如何判断催化剂的浓度是否合适？”

“为什么小组会议延迟举行？”

“你们的商品除了在天猫销售，还有哪些渠道？”

3.中性诱导式提问

交谈的环境或背景已经确定，因此对方的回答会受到一定的限制。被提问的人虽说可任意回答，但这种回答对你所关心的问题肯定有一定的参考价值。中性诱导式提问一般都涉及下列几方面的问题："何时……""谁……""……在什么地方？"

"你们什么时候发现零件出了问题？"

"谁负责这次罢工行动？"

"我该到哪去找副本呢？"

4.另有用意的否定式提问

提问者以一种否定形式的提问对对方的回答施加巨大的影响力。这种提问的头几个字通常是这样的：

"你不会……"

"你不……"

"你没有……"

提问的人还应该边讲边摇头，这样就可以有效地诱使对方做出否定的回答。就算打电话时提出问题也要摇头，跟顾客在电话中交谈时一定要面带笑容。身体的动作可以加强语气。

"既然如此，您一定认为我们现在不需要继续供应这些货了，对吗？"

"你们并未决定否决会长的提议，是吧？"

5.别有用心的肯定式提问

提问的人一开始就先把对方恭维、吹捧一番，然后在此基础上再提问，对方如果不小心，意志不坚定，则很难摆脱这种事先设计的圈套。

“议员先生，您有多年从事这种工作的经验，一定同意这是最妥善的安排，是吧？”

“陈先生，您是这些人当中最上镜的，一定愿意出镜，对吧？”

如同中性诱导式提问一样，这种提问也能对回答起引导作用。

六种提问技巧，让你快速成交

1. 限定型提问

在一个问题中提示两个可供选择的答案，两个答案都是肯定的。

人们有一种共同的心理——认为说“不”比说“是”更容易和更安全。所以，内行的推销人员向顾客提问时，尽量设法不让顾客说出“不”字来。

例如：与顾客约定见面时间时，有经验的推销人员从来不会问顾客："我可以在今天下午来见您吗？"因为这种只能在"是"和"不"中选择答案的问题，顾客多半只会说："不行，我今天下午的日程实在太紧了，等我有空的时候再打电话约定时间吧。"

有经验的推销人员会对顾客说："您看我是今天下午2点钟来见您，还是3点钟来？"

"3点钟来比较好。"当他说这句话时，你们的约定已经达成了。

2. 单刀直入法提问

这种方法要求推销人员直接针对顾客的主要购买动机，开门见山地向其推销，请看下面的场面：

门铃响了，当主人把门打开时，一个衣冠楚楚的人站在大门的台阶上，这个人说道："家里有高级的食品搅拌器吗？"

男人怔住了。这突然的一问使主人不知怎样回答才好。他转过脸来看他的夫人，夫人有点窘迫但又好奇地答道："我们家有一个食品搅拌器，不过不是特别高级的。"

推销人员回答说："我这里有一个高级的。"说着，他从提包里掏出一个高级食品搅拌器。

接着，不言而喻，这对夫妇接下来会接受他的推销。假如这个推销人员改一下说话方式，一开口就说："我是××公司推销人员，我来是想问一下你们是否愿意购买一个新型食品搅拌器。"你想一想，这种说话的推销效果会如何呢？

3. 连续肯定法提问

这个方法是指推销人员所提问题便于顾客用赞同的口吻来回答，也就是说，推销人员让顾客对其推销说明中所提出的一系列问题，连续地回答"是"，然后，等到要求签订单时，已造成有利的情况，好让顾客再做一次肯定答复。

例如：推销人员要寻求客源，事先未打招呼就打电话给新顾客，他可以说："很乐意和您谈一次，提高贵公司的营业额对您一定很重要，是不是？"（很少有人会说"无所谓"）

"好，我想向您介绍我们的×产品。这将有助于您达到您的目标，日子会过得更潇洒。您很想达到自己的目标，对不对？"……

这样让顾客一"是"到底。

运用连续肯定法，要求推销人员要有准确的判断能力和敏捷的思维能力。每个问题的提出都要经过仔细思考，特别要注意双方对话的结构，使顾客沿着推销人员的意图做出肯定的回答。

4. 诱发好奇心法提问

诱发好奇心的方法是在见面之初直接向潜在的买主说明情况或提出问题，故意讲一些能够激发他们好奇心的话，将他们的思想引到你可能为他提供的好处上。

例如一个推销人员对一个多次拒绝见他的顾客递上一张纸条，上面写着："请您给我10分钟好吗？我想为一个生意上的问题征求您的意见。"纸条诱发了采购经理的好奇心——他要向我请教什么问题呢？同时也满足了他的虚荣心——他向我请教！这样，结果很明显，推销人员应邀进入办公室。

5.澄清式提问

这是针对顾客的答复，重复措辞以使顾客澄清或补充原来答复或者让顾客做出评价的一种提问。

"您刚才说付款的方式可以商量，这是不是说你们可以如期支付这笔货款？"

"《电子信息》上一篇文章提到微电子开关需求量有

所上升，您认为事实上是这样吗？”

这种提问在关键时刻关键问题上常用，它有助于推销人员从顾客那里进一步得到确认的反馈。

6.暗示式提问

暗示式提问特别适于应付竞争情况的提问。推销人员如果直接对竞争对手的产品进行攻击，往往会失去顾客。而若能以暗示式提问来应付竞争，可能会收到比较好的效果。暗示式提问就是把露骨的攻击加以隐蔽，借以提问的方式做出结论。

例如，某顾客已经购买了某品牌的手纸，若推销人员直接指出顾客判断错误，才会购买这种手纸，必然使顾客对你筑起鸿沟，不愿采纳你的意见。你若如此提问，效果就可能不一样。

“××先生，您是否想节省每天所浪费的经费？”

通常，顾客同意节省不必要的开销。

“您是否在洗手间看到您的客人拿着两三张手纸甚至五张手纸在擦手？”

“是的，看过。”

这位推销人员本来就知道该饭店发生了这种现象，但为了让顾客亲口说出来，而采用了暗示式提问。

这时推销人员拿出了自己所推销的纸巾产品，进而提问下去："您看得出我的纸巾与其他品牌有何不同吗？"

"看不出，两者一样。"

"用我的纸巾擦手，一次只需要一张就够了。我给您演示一下？"

"好！"

从以上的对话中可知，推销人员并没有直接攻击竞争对手的产品质量，而凭借提问来开拓自己的市场。

原一平问话法：引导对方说"是"

世界著名销售人员原一平在推销寿险时，总爱向客户问一些主观答"是"的问题。他发现这种方法很管用，当他问过五六个问题，并且客户都答了"是"，再继续问保险上的知识，客户仍然会点头，这个惯性一直保持到投保。

原一平搞不清里面的原因，当他读过心理学上的"惯性"后，终于明白了，原来是惯性化的心理使然。他急忙请了一个内行的心理学专家为自己设计了一连串的问题，而且每一个问题都让自己的准客户答“是”。

利用这种方法，原一平缔结了很多大额保单。这种方法后来被称为“6＋1缔结法则”。

“6＋1缔结法则”源自于推销过程中一个常见的现象：假设在你推销产品前，先问客户6个问题，而得到6个肯定的答案，那么接下来，你的整个销售过程都会变得比较顺畅，当他和你谈产品时，还不断且连续地点头或说“是”的时候，你的成交机遇就来了。此时他已形成一种惯性。每当我们提一个问题而客户回答“是”的时候，就增强了客户的认可度，而每当我们得到一个“不是”或者任何否定答案时，也就降低了客户对我们的认可度。

这就如同你面前的客户是一团熊熊烈火，千万不要让他熄灭，你只要不停地加上一些汽油，使得这团火更加旺盛，一直保持到成交的那一刻。那么，你肯定会说服他购买产品的。

在推销中，平庸的销售人员经常被一些突如其来的问题弄得目瞪口呆，败下阵来。其实，只要你牢记你的目的，预先堵住可能造成麻烦的漏洞，创造一种安全的推销气氛，主导整个沟通过程，大部分问题是完全可以消弭于无形之中的。

让我们来看看销售人员最怕、最头疼的三句话。

辛辛苦苦地谈完了，好不容易说服了对方，冷不丁听到对方说一句："不错不错，我要跟××商量商量？"

不断地转换角度促成，对方仍淡淡地说："我还要考虑考虑！"

历尽艰辛成交了，墨迹还没有干，客户突然说："我不要了，给我退货吧，我要解约！"

优秀的销售人员却可以让这些话通通消失，秘诀就是尽量避免谈论让对方说"不"的问题。而在谈话之初，就要让他说出"是"。销售时，刚开始的那几句话是很重要的，例如，"有人在家吗？……我是汽车公司派来的。是为了轿车的事情前来拜访的……""轿车？对不起，现在手头紧得很，还不到买的时候。"

很显然，对方的答复是"不"。而一旦客户说出"不"后，要使他改为"是"就很困难了。因此，在拜访客户之前，首先就要准备好让对方说出"是"的话题。

例如，对方一出现在门口，你就递上名片，表明自己的身份，同时说："在拜访你之前，我已看过你的车库了，这间车库好像刚建没多久……"只要你说的是事实，对方必然不会否认，而只要对方不否认，自然也就会说

“是”了。

就这样，你已顺利得到了对方的第一句“是”。这句话本身，虽然不具有太大意义，但却是整个销售过程的关键。

“那你一定知道，有车库比较容易保养车子啊？”除非对方存心和你过意不去。否则，他必须会同意你的看法。这么一来，你不就得到第二句“是”了吗？

如果对方真的要拒绝，那不仅仅是口头上的一声“不”，同时，他所有的生理机能，分泌腺、肌肉等也都会进入拒绝的状态。然而，一句“是”却会使整个情况为之改观。所以，优秀的销售人员明白，比“如何使对方的拒绝变为接受”更为重要的是：如何不使对方拒绝。

优秀的销售人员一开始同客户会面，就留意向客户做些对商品的肯定暗示。

“夫人，你的家里如装饰上本公司的产品，那肯定会成为邻里当中最漂亮的房子！”

“本公司的储蓄型保险是你最好的投资机会，5年后开始返还，你获得的红利正好可以支付你的儿子的大学费用！”做出诸如此类的暗示后，要给客户一些充分的时间，以便使这些暗示逐渐渗透到客户的思想里，进入客户的潜意识里。

当他认为已经到了探询客户购买意愿的最好的时机，就这样说：

“夫人，你刚搬入新建成的高档住宅区，难道不想买些本公司的商品，为你的新居增添几分现代情趣吗？”

“为人父母，都要尽可能地让儿女受到最良好的教育，怎么样，你考虑过筹集费用的问题吗，我劝你向本公司投保。”

“你有权花钱买到最佳商品，你可别错过这个机会，买我们的商品吧！”

优秀的销售人员在交易一开始时，利用这个方法给客户一些暗示，客户的态度就会变得积极起来。等到进入交易过程中，客户虽对优秀的销售人员的暗示仍有印象，但已不认真留意了。当优秀的销售人员稍后再试探客户的购买意愿时，他可能会再度想起那个暗示，而且还会认为这是自己思考得来的呢！

客户经过商谈过程中长时间的讨价还价，办理成交又要经过一些琐碎的手续，所有这些都会使得客户在不知不觉中将优秀的销售人员预留给他的暗示，当作自己所独创的想法，而忽略了它是来自他人的巧妙暗示。因此，客户的情绪受到鼓励，定会更热情地进行商谈，直到与销售人员成交。

“我还要考虑考虑。”这个借口也是可以避免的。一开始商谈，就立即提醒对方应当机立断就行了。具体方法很多，在这里，请看一看循序渐进的例子。

“你有目前的成就，我想，也是经历过不少大风大浪吧？要是在某一个关头稍微一疏忽，就可能没有今天的你了，是不是？”不论是谁，只要他或她有一丁点成绩，都不会否定上面的话。等对方同意甚至大发感慨后，优秀的销售人员就接着说：

“我听很多成功人士说，有时候，事态逼得你根本没有时间仔细推敲，只能凭经验、直觉而一锤定音。当然，一开始也会犯些错误，但慢慢地判断时间越来越短，决策也越来越准确，这就显示出深厚的功力了。犹豫不决是最要不得的，很可能坏大事呢。是吧？”

即使对方并不是一个果断的人，他或她也会希望自己是那样的人，所以对上述说法点头者多，摇头者少。有些直率的人还会举一些犹犹豫豫、优柔寡断坏了大事的例子。因此下面的话，就顺理成章了：

“好，我也最痛恨那种优柔寡断，成不了大器的人。

能够和你这样有决断力的人谈，真是一件愉快的事情。”这样，你怎么还会听到“我还要考虑考虑。”之类的话呢？

任何一种借口、理由，都有办法事先堵住，只要你好好动脑筋，勇敢地说出来。也许，一开始，你运用得不纯熟，会碰上一些小小的挫折。不过不要紧，总结经验教训后，完全可以充满信心地事先消除种种借口，直奔成交，并巩固签约成果。

在提问时，如何答复顾客也有技巧

推销人员不仅要向顾客提出问题，还要答复顾客所提出的各种问题。答复问题与提出问题一样的重要。推销人员即使提出的问题无懈可击，但答复问题失策，同样会错失推销良机。在答复顾客提出的问题时应注意：

（1）答复顾客提问时，应在搞清楚问题的真正含义后才能给予回答，切忌随便答复。答复要有条有理，通俗易懂，简明扼要。切不可东一句西一句，不着边际，因为顾客的许多提问，旨在探求推销人员的真实情况。

（2）答复要有分寸，正确的答复未必是最好的答复。答复的技巧在于掌握什么应该说，什么不应该说，而不完全在于答复的对与错。答复要既不言过其实，也不弄虚作假。答复应得体、巧妙，赢得顾客的好感和信任。

（3）在答复之前应使自己有充分的思考时间。为了争取更多的思考时间，推销人员可以采用一些方法拖延答复。例如，请求顾客澄清自己所提出的问题或用“记不清”“资料不全”等借口拖延答复。

（4）有些答复要有弹性，不要把话说得绝对化。对于企业需要保密的信息资料，应绕过不做正面回答或者委婉地说明并表示歉意。

第七章

管理询问术：如何通过交谈提升团队的执行力？

问题提得好，就能让团队形成共识

作为团队的领导者，如果善于提出问题，让下属去思考，那么提问的效果，往往比号令、训斥和说教的效果都要好。

陈胜于公元前209年（陈胜、吴广起义时间）在大泽乡号召起义时，队伍中的其他人大多对此心存疑虑，陈胜疾呼："且壮士不死则已，死即举大名耳，王侯将相，宁有种乎？"

意思是说：壮士若是不死也就算了，若是要死，就应该死的轰轰烈烈，死得有意义。那些有权有势的高贵的人，难道生来就比别人高贵吗？王侯将相的高贵难道是世世代代都应该有的吗？

陈胜的这一声诘问，唤醒了人们的抗争意识，激发了人们争取自身命运的勇气，开启了一场风云激荡的秦末奴隶起义运动。

TCL是成立于20世纪80年代的一家广东企业，曾经生产出畅销大江南北的TTK牌磁带、中国第一台按键式电话机，但是2002年之后辉煌不再，经营陷入困境。企业的领导人李东生基于对困难和环境的分析，希望通过组织流程再造等手段，来重新激发企业的活力。怎样才能让企业上下几万员工认同他的理想，并愿意忍受变革带来的阵痛呢？李东生给大家讲了一个故事。

这是一个关于鹰的故事。

鹰是世界上寿命最长的鸟类，它一生的年龄可达70岁。

要活那么长的寿命，它在40岁时必须做出困难却重要的决定。这时，它的喙变得又长又弯，几乎碰到胸脯；它的爪子开始老化，无法有效地捕捉猎物；它的羽毛长得又浓又厚，翅膀变得十分沉重，使得飞翔十分吃力。

此时的鹰只有两种选择：要么等死，要么经过一个十分痛苦的更新过程——150天漫长的蜕变。它必须很努力地飞到山顶，在悬崖上筑巢，并停留在那里，不得飞翔。

鹰首先用它的喙击打岩石，直到其完全脱落，然后静静地等待新的喙长出来。鹰会用新长出的喙把爪子上老化的趾甲一根一根拔掉，鲜血一滴滴洒落。当新的趾甲长出来后，鹰便用新的趾甲把身上的羽毛一根一根拔掉。

5个月以后，新的羽毛长出来了，鹰重新开始飞翔，重新再度过30年的岁月！

讲完故事，李东生启发大家思考：鹰的重生对TCL意味着什么？

结果员工反响热烈，大都认同他对企业目前困难和状况的分析，认同TCL必须要通过变革创新开拓一个新的局面。许多员工也在论坛上发表了自己的感受，也有一些员工直接给李东生发去邮件，大家热切期望通过这场触及灵魂的企业文化变革、创新为企业赢得新生！这些员工发自肺腑之言很直率，有些甚至很尖刻，但确实能让人感觉到，大家倾注在企业的感情，对企业文化创新活动的认同和支持，都在努力寻找能够真正改变企业、让企业重生的凤凰涅槃之路。

这些意见令李东生很感动，而大家对变革的紧迫性和必要性的认识，也正是他通过鹰的故事而发问所想要达到的目的。

问题提得好，就能让团队有效沟通

1934年，中央警卫团刚划归中央军委领导，由叶剑英同志分管。警卫团的同志大多是由部队抽调来的，他们从炮火纷飞的火线调下来，都普遍不安心，想重返前线直接和敌人厮杀。

叶剑英了解到情况后，召开了全团大会。会上，他提高嗓门大声说："中央警卫团应该改名，不叫警卫团，叫钢盔团。"

这话把大家弄懵了。接着，叶剑英缓缓解释道："钢盔是干什么的？钢盔是保护脑袋的，中央警卫团是保护党的脑袋——党中央的，所以应该叫它钢盔团，你们说对不对？"

大家恍然大悟，齐声说："对。"

"人没脑袋行不行？"叶剑英追问。

"不行！"

"你们都是英雄好汉，到前方去可以杀千百个鬼子，但没有党中央领导能不能把鬼子打出去呢？"

"不能！"

"在警卫团工作重要不重要？"

"重要！"

只几句话，说得警卫战士心里亮堂堂的。

叶剑英没有正面解释警卫团有何重要意义，而是以一个极其通俗的比喻，紧接着连发几个问题，步步紧逼，把战士们心中的疙瘩一下子铲除了，进行了一次高效高质量的团队沟通。

团队的责任感和执行力，可以问出来

1.多问开放性问题，能鼓励团队对话

前文已述，所谓开放性问题，就是不能用“是”或者“不是”来回答的问题。

例如：你对弹性工作的看法是什么？你认为产品滞销的原因是什么？

管理者多问员工开放性问题，会取得以下效果：

显示你对他人观点的兴趣；

重视对方；

激发别人的思考；

更好的理解别人；

鼓励对话，而不是“一言堂”。

2.多问反思性问题，能避免无意义的争论

所谓反思性问题，是指先陈述对方谈话中的要点，然后在此基础上进行反问。

员工："如果我们实施绩效管理的话，我们公司的整体管理水平将会提高，而且会改变目前吃大锅饭的局面。"

主管："你为什么确信会有这样的效果？"

员工："我们的竞争对手这次打折促销的力度很大，咱们的销量下降了。"

主管："你为什么认为咱们的销量下降，是竞争对手打折促销造成的？"

管理者多问员工反思性问题，会取得以下效果：

避免了争论；

如果你误会了别人的意思，对方有机会更正；

对方受到进一步谈话的鼓励；

让对方有机会反思自己；

有利于达成共识。

3.多问指引性问题，有利于激励对方开拓思路

所谓指引性问题，是指在对方观点的基础上或者在共识的基础上，引出其他问题。

例如：

"为了应对竞争对手的打折促销，我们除了追随降

价，还有没有别的应对措施？有的话，是哪些？”

“如果真有你所说的效果，你认为我们应该怎样实施呢？”

管理者多问员工指引性问题，会取得以下效果：

获得最重要的相关信息；

激励对方开拓思路、辩护申诉、提出建议。

员工的错误，最好让他自己说出来

直接指出员工的错误，看上去很有效率，但往往效果并不会很好。如果能通过提问，让他自己说出自己的错误，那就相当理想了。正如前文讲过的：同样一句话一个想法，由你告诉别人，他们会怀疑、会排斥、会反对；让他们自己说出来，他们会相信、会接受、会当成是真理。

以下给出一个真实的案例，让大家来体会这一方法。

主管：公司规定员工每天都要做工作日志，你知道吗？

员工：知道。

主管：那你做了吗？

员工：做了。

主管：是每天吗？

员工：有时候忘了。

主管：那你的工作日志还能够反映你每天的工作情况吗？

员工：不能，但是我的工作就这几项内容，记录不记录都一样。

主管：如果你不记的话你能做到每天计划、每天总结吗？

员工：不能。

主管：如果你不记的话，将来你根据什么证明你完成了岗位职责？

员工：……（沉默。这是他能回答的问题，他试图用沉默来推脱回答问题的责任）

主管：……（沉默。面对员工的沉默，此时主管也必须保持沉默，让员工感受到气氛的沉闷和压力。当员工抬头看时，要用面部表情或者手势让他意识到这个问题必须回答）

员工：我以后每天都记，还不行吗？（终于说出了主管想让他说的话！但是，到此并没有结束……）

主管：我希望你说到做到。另外，违反公司绩效管理的制度对吗？

员工：不对。

主管：那你打算怎么办？

员工：我说过了，我以后每天都记。

主管：我说的是你违反了绩效管理制度，今后怎么办？

员工：我会遵守。

主管：好，我希望看到你不仅能够每天都记，还能遵守绩效管理制度的其他规定。

要想不被蒙蔽，就从九个方面提问

企业经营管理中遇到的问题，如果都能够及时发现，正确识别，全面解决，那么大部分管理隐患都能够消除。否则，积劳成疾，所有的小问题都可能会发展、汇集为无法解决的大问题。

管理者要想获得组织运行的真实信息，以及发现隐藏在问题背后的问题，就要善于观察、善于提问。在此介绍一个名叫5W3H1S九因素分析法的提问框架，帮助管理者全面识别问题，如下：

WHAT：何项工作发生了何问题？

WHERE：问题发生在何处？（何部门、何岗位、何环节？）

WHEN：问题发生在何时？（首次还是多次？）

WHO：问题的责任者是谁？

WHY：问题发生的原因是什么？

HOW MANY：同类问题有多少？

HOW MUCH COST：问题已经造成以及将可能造成多大损失？

HOW TO DO：问题如何解决？

SAFETY：有无安全隐患，以及解决该问题有无安全注意事项？

海尔要求生产现场的管理者每天针对上述9个方面进行控制性清理，有问题当天识别，当天解决，做到“日清”。

用疑问的口气说话，能软化下属的态度

当一个人受到他人的强制时，心理上很自然会产生反抗，同样的事，自愿去做和受到强制去做，效果相差很远。而且，被强制去做心中总是很不情愿。

疑问式代替命令式，强制也就不成强制了。例如，要让对方去干一些不喜欢干的工作，就不应说：“你把这件事做下去。”而应该说：“你把这件事做下去，好吗？”这种说法可以使对方不至于反感。

有些家庭中，只要父母稍作指示，子女就赶快动手帮忙，一点厌恶的情绪也没有。只要暗暗观察就会看到，其奥妙在于这些家庭中的父母绝不对子女说：“你去给我洗碗！”而是说：“你帮我洗那些碗，好吗？”即不用命令口气，而用疑问式表达。

单位的发展需要职工把一些不喜欢干的工作做好时，就需要采用这种手法。特别是年轻人当了领导，需要年长的部下去做什么事情时，更需要注意把握他的心理，少用命令语气，多用商量口吻和祈使语气，会收到很好的效果。可能这些年长的部下，过去是你的上级，他们已经习惯于你向他们请示汇报，而现在却由你下命令，他们在心

理感情上往往无法适应，一下子转不过来，但需要他们干的事情又必须交代他们去干，这就要想出某种起缓冲作用的说服办法，即在向他们下命令时口气要谦虚一点，使其痛快地按你的要求去干。我们可以对比一下两种不同的命令方式：

“李科长，你和小张去上海开订货会议。”

“老李，劳你大驾跑一趟，带小张去上海开订货会议怎么样？”

显然，作为长辈的李科长在听到第一种命令方式时会心里很不舒服，会觉得你年少气盛，颐指气使，如果气量小一点，说不定会称病推托，消极怠工，以发泄不满。可是，他若听了第二种命令方式时则会很舒坦，首先，你对他的称呼是老李，而不是李科长，既比较亲切，又避开了他的比较低的职务；其次，用了“劳驾”两个字，语气比较客气，充满敬意；第三，不是“和小张”一起去上海，而是“带小张”去上海，说明了你没有把他看得和小张一样，给他留下了考虑和否决的余地。虽然他明知自己不可能抗拒，但听起来心里还是非常舒服受用。另外需要注意的是，在向长辈下级提出要求时，前面最好加“请”字，如“老李，请您去处理一下这个问题好不好？”“老张，请您明天上午来开一个会。”

再比如，有位男子，在单身时，坚持“大男子主义”，强调男人是一家之主。然而结婚没多久，却成了“太太万岁”的丈夫。

从“大男子主义”到“太太万岁”，完全是因为他太太攻心有方所致。有关孩子的升学、住宅计划等问题，太太都和他商量，而且他也以一家之主的身份来下结论。可是，后来发现所有事情的最后决定权仍在太太那里。

他太太常用的手段是，每次都以疑问的口气问她先生：“你有什么好办法？”将决定权假装送给对方。

当一家之主受到信赖，自尊心得到维系时，心里就飘飘然，以为决定权掌握在自己手中。但是，其实最后都是以太太的主张为结论。

他太太高明之处就在于巧妙利用人心的盲点，以疑问式代替命令式。

此时，对方自尊心得到满足，心理上产生优越感，心胸变得相当宽大，抓住这一点，再用一个疑问式：“这个方法不好吗？”再固执的对象，也会软化的。他会说：“就这样吧。”

著名管理学家巴纳德认为：“沟通是一个把组织的成

员联系在一起，以实现共同目标的手段。”有关研究表明：领导工作中70%的错误是由于不善于沟通造成的。由此可见沟通力的重要性。

听完下属的回报，问一句“你的看法如何？”

美国管理学家雷鲍夫提出：在你着手建立合作和信任时，你要学会使用你的语言，其中以下八句非常重要：

1.最重要的八个字是：我承认我犯过错误。

2.最重要的七个字是：你干了一件好事。

3.最重要的六个字是：你的看法如何？

4.最重要的五个字是：咱们一起干！

5.最重要的四个字是：不妨试试。

6.最重要的三个字是：谢谢您。

7.最重要的两个字是：咱们……

8.最重要的一个字是：您……

这一套沟通方法，被称之为雷鲍夫法则。

仔细观察雷鲍夫法则的八句金言，你会发现它们是一个不断渐进的过程。要建立合作和信任的基础最重要的就是认识自己和尊重他人。而上述定律无疑就是进行这一过程的最好表现。

当你听完下属的汇报，问一句："你的看法如何？"下属的责任感和自尊感会油然而生。这才是顾及他人感受的合作之道、成功之道。

像教练一样对下属讲话，下属的进步最快

很多管理者很困惑，我在处处传帮带呀，为什么部下的效率却越来越差。需要管理者反省的是，你的示范是否已经演变成了事必躬亲，并且处处按照自己的操作过程来要求你的每一个下属。倘若如此，时间长了，什么事情你都干了，下属自然轻松地等着你来干。

洛杉矶湖人队前教练帕特·莱利在湖人队最低潮时，告诉球队的12名队员："今年我们只要每人比去年进步1%就好，有没有问题？"

球员们一听："才1%，太容易了！"于是，在罚球、抢篮板、助攻、拦截、防守5方面，每人都各进步了1%。结果，那一年湖人队获得了冠军，而且夺冠的过程很

轻松。

帕特·莱利的聪明之处在于指明方向、提出问题，引导自己的成员和团队积极地进步，而并非自己处处示范，这是一种可以应用在管理之中的教练技术。

1971年，美国加利福尼亚州中西部自由艺术学院的创始人之一添·高威在暑期开设了网球和滑雪训练课程。他除了亲自授课外还分别聘请了几名网球和滑雪教练来授课。当时，碰巧有名网球教练因故不能授课，而此时许多付费学员都在等待教练，添·高威于是决定临时调用一名滑雪教练来教打网球。

完全不会打网球的这位滑雪教练提出自己难以胜任，添·高威对滑雪教练说："你只要教他们把注意的焦点集中在网球上，千万不要给他们做示范动作。"滑雪教练依计行事。

一个月后，添·高威惊奇地发现滑雪教练教授的学员普遍比正式的网球教练所教授的学员进步快。添·高威于是对这个有趣的现象进行了一番深入的研究，他发现：传统的网球教练训练的主要方式是教练做示范动作，学员模仿动作，教练纠正学员的错误。很多学员把注意力都集中在自己的动作是否规范上了，而当球飞过来时手忙脚乱。

滑雪教练因不会打网球，所以无法做示范，只好要求学员把注意力集中在网球上，而对学员击球的动作没有特别的规定，同时对学员提出一些开放式的问题，诸如："你的身体如何调整才能接住飞来的网球呢"等。由于学员把注意力集中在网球上而不是自己的动作是否标准上，他们竟然自动对自己的动作进行了调整，接住了飞过来的网球。

事实上，当教练发现学员的错误并提出建议来纠正他的时候，学员的表现反而降低，假如他放松，脑海里有了优良表现的想象，身体有了感觉，那么他的表现就会改善。在没有意识到自己有问题的情况下不自觉地改正了错误。

后来，添·高威对外界宣称，他可以让一个完全不会打网球的人在20分钟内学会基本熟练地打球。

此事引起了美国ABC电视台的兴趣，他们决定派记者现场采访。添·高威找到一个体形很胖的，从未打过网球的女人。他让这个女人不必计较用什么姿势击球，只须把焦点放在网球上（这就是他所说的注意力集中法）。当网球从地面弹起时，先叫一声"打"，然后挥拍击打网球。添·高威解释说：我并没有教她打网球的技巧，我只是帮助她克服了自己不会打球的固有信念，她的心态经历了“不会”到“会”转变。就是这么简单！

这个过程在电视上播放之后，引起了AT&T高层管理者的兴趣。他们把添·高威请到公司来给高级经理们讲课。在授课过程中，经理们不停地在笔记本上记录着。下课后，添·高威发现他们的笔记本上找不到和网球有关的字眼，反而满篇都是企业管理的内容。原来，AT&T的管理者们已经将运动场上的教练方式转移到企业管理上来。于是，一种崭新的管理技术——教练技术诞生了。

此后，添·高威也从体育领域进入到管理领域而成为了一位企业教练。据此，添高威写了一本书《网球的内在竞赛》并很快成为炙手可热的畅销书。

内在竞赛是指学员内心的竞赛，它的对手是诸如注意力不集中、紧张、自我怀疑及自责等障碍。简而言之，内在竞赛的目的是帮助学员克服导致表现欠佳的所有思维定势。

接着他又出版了一系列畅销书籍，其中提出了在不同领域改善个人及专业表现的一种新的方式，因此他被认为是世界上最早思考学习与教练的人之一。

目前，教练技术随着被AT&T、IBM、通用电器、苹果电脑、可口可乐、南加州大学、福特、日本丰田等巨型企业的导入，而迅速风行欧美。

教练技术认为，大部分时候，最好的答案早已潜藏在当事人的心中，只是当局者迷，暂时没有发现而已。每个人解决问题的方法都来自于问题本身。教练是没有既定答案的，所做的是引导当事人了解自己的真实情况，从中发现属于自己的答案。应用教练技术的管理者应相信：若一个人有能力为自己制造问题，他也一定有能力解决问题。

当管理者停止教别人时，他就开始学习了；当一个人开始独立学习时，意味着生命开始真正的成长。正如添·高威所说："如果要当事人学得最多，教练就要教得最少。"

传统的管理技术，可以推动员工行为方法的改进与能力的提升，而教练技术会引发员工智慧的成长。这就像篮球教练成就了乔丹、高尔夫教练成就了老虎·伍兹一样，管理者可以培养出一个又一个比自己优秀得多的下属，而这真正诠释了管理的真谛。

关于教练式管理，杰克·韦尔奇说："我只想做一名企业教练。""我想提醒你们我观念中的领导艺术是什么，它只跟人有关。没有最好的运动员你就不会有最好的球队，企业队伍也是如此——最好的领导人实际上是教练！”“一个经理人要有一颗更开放的心，过去人们总是认为经理人理当比属下知道的多一些，这种老观念已经不合时宜了。未来的领导者是提出问题、加以讨论、然后解决它们。他们依赖的是互信而非控制，因此管理人要做的是真诚坦率的沟通，领导人要成为部属的教练而非牵绊者。”

面试时，如何用提问选出你想要的人才？

招聘面试的目的，就是要从应试者中选拔出组织想要的人才。为了实现这个目的，提问是面试官的重要工具。招聘专家总结出了面试提问的STAR原则。

所谓STAR原则，就是Situation（背景）、Task（任务）、Action（行动）和Result（结果）四个英文单词的首字母组合。

运用STAR原则面试应聘者的流程如下：首先，面试官要提问应聘者以前的工作背景，掌握关于应聘者所供职公司的经营管理状况、所在行业的特点及该行业的市场前景的信息，进行背景调查（Situation）；然后，面试官要询问应聘者具体的工作任务（Task）有哪些，任务的目标是什么；最后，面试官要注重了解应聘者是如何具体执行工作任务的，他采取了哪些行动（Action），以及取得了什么结果（Result）。

比如，有的应聘者在面试介绍中会自诩为“我是原来公司的销售冠军”，乍听之下，似乎这个应聘者应该能胜任所申请的销售经理的职位，但是其实“销售冠军”的说辞并不能证明应聘者是合适的人选。面试官应该继续追问：“公司为你的销售工作提供了哪些支持性资源？公司的产品怎么样？市场区域的产品需求量有多少？”然后，还要了解如下几个问题：“你进行了哪些工作来促成交易？是频频拜访客户，还是组织了一些推广活动？”最后，面试官便要询问工作的结果。面试官只有对应聘者过往的工作经历仔细询问后，才能全面获知应聘者的工作经历和他所具有的知识和技能，从而为人才判断提供足够的参考信息。

面试谈话的STAR原则，其核心思想是把问题指向行动和结果，杜绝了表面信息的蛊惑性，尽可能地挖掘出应聘者所具有的知识和技能，是企业通过面试招聘到合适人才的有效工具。

专家们在STAR原则的基础上，发展出了一套行为性面试的技术，其要点是：

（1）使用过去的行为预测未来的行为；

（2）识别关键性的工作要求；

（3）探测行为样本。

具备了STAR原则的事件就是一个完整的行为样本，它可以有效地考察应聘者对拟任岗位的胜任力。

情境——提问应聘者经历过的特定工作情境或任务。

目标——提问应聘者在那种情境当中所要达到的目标。

行动——提问应聘者为达到特定的目标所做出的行动。

结果——提问应聘者行动的结果，包括积极的和消极的结果，生产性的和非生产性的结果。

掌握了行为指向的STAR原则，就可以对常见的面试问题进行优化，举例如下：

提问：你是怎样分派任务的？是分派给已经表现出有完成任务能力的人呢，还是分派给表现出对此任务有兴趣的人？或者随机分派？

优化：请描述一下你是怎样分派任务的，并举例子来说明。

提问：你的管理风格是什么样的？是独裁的、民主的还是仁慈的？

优化：请描述一下你的管理风格，并举例子来说明一下你是怎样在工作中运用这些管理风格的。

提问：你觉得工作中最大的激励是金钱还是从工作中获得的快乐？

优化：你认为什么是工作中最大的激励？为什么这么说？

提问：你的前一任主管是一个随和的人，还是一个严厉的人？

优化：你的前任主管是一个怎样的人？请你举一些具体的事实来说明。

提问：在你今后的职业生涯中，你是会继续在这个领域中工作还是会做一些别的事情？

优化：你的中长期职业发展计划是怎样的？

下表提供了面试考察的基本项目及提问示例，供读者参考借鉴。

面试考察基本项目及提问示例

面试项目	考察内容	评价要点	提问示例
礼仪风度	△仪容、衣着 △行为举止、礼节风度 △走路、坐姿、站立等仪态 △说话	△穿着整齐、得体 △沉着、稳重、大方 △走路、坐姿符合礼节 △说话文雅、礼貌	目测
求职动机与愿望	△求职原因 △工作态度 △追求与抱负、个人打算 △要求与期望	△是否以公司发展为目标兼顾个人利益 △回答完整、全面、适当 △具有说服力	△你为何选择本公司？ △你在工作中追求什么，有何打算？ △如何实现你的理解和抱负 △你对公司的要求和期望是什么？
表现力及语言表达能力	△有条理地表达 △引用实例、分析面全 △语气、发音符合要求 △讲话时姿态和表情合适	△讲话前后连贯，条理清楚 △主意、语言简洁明了 △具有说服力 △用词准确	△请谈谈你自己 △你的优缺点 △你的兴趣爱好 △最适合你的工作是什么
社交能力和人际关系	△沟通、协作、团结 △朋友和家庭关系 △社会关系	△自我认识 △交际能力	△谈谈你的家庭 △你的朋友如何看待你 △你交朋友最注重什么

判断力与反应能力	△准确判断和处理突发事件 △迅速准确回答对方问题 △机敏程度	△理解问题的准确、迅速性 △自我判断能力 △有自己独到的见解	△两公司同时录用你，如何选择？ △你如何对待工作非常辛苦？ △我们凭什么录用你？
经验、行动与协调能力	△能否持之以恒 △工作节奏紧张、有序 △组织领导能力 △协调能力	△表现力 △考虑对方处境和理解力 △实践能力 △交往能力	△谈谈你以前的经验 △你如何解决工作中遇到的困难 △你为何应聘这个职位 △如何能证明你胜任这个职位
知识水平与专业技能	△对专业知识的了解程度 △工作成绩 △对所要从事的工作的认识	△专业知识和技能是否符合工作要求 △有无特殊技能 △有无工作经历	△你为何选择你的专业 △你的工作成绩的擅长科目 △你有何种特长和有何种资格 △你有什么重要工作经验
责任心、纪律性	△负责到底的精神 △对工作的坚持 △令人信服地完成工作 △考虑问题全面	△你对安排的工作完成不了如何处理 △你如何看待规章制度 △工作中违规如何办	△工作态度如何 △是否诚实，是否热爱工作 △纪律力 △意志力

个人性格、品质与兴趣爱好	△有无不良的性格 △有无偏激的观点 △是否有不良嗜好 △精神活力	△诚实坦诚 △正确的人生观 △良好的生活习惯和爱好 △爱好运动	△你认为人最重要的性格是什么 △你有什么生活爱好 △你喜欢读什么书 △你经常参加娱乐活动吗
自知力和自控力	△自身的优缺点 △克制力	△经常自我检查 △能发现自己的优缺点 △在遭受批语和挫折时能够克制、容忍和理智	△谈谈你自己的长处和短处，如何扬长避短 △领导批评你，同事误解你，你如何对待
经营意识	△是否具有市场意识 △是否具有效率观念 △是否具有竞争意识	△工作注重效率和效果 △较高的市场意识 △较强的竞争意识	△如果下属不能按时完成工作，你如何处理 △产品价格一再降低，你如何对待

第八章

询问术与读心术：如何通过交谈看透一个人？

说话时的手部动作所暗示的心理活动

美国心理学家奥维尔·霍巴特·莫瑞尔认为，一个人在谈话时做出的肢体行为，对于研究一个人的心理活动或当时的心态，是极其关键的。这是因为无论一个人多么自信，一旦他撒了谎或是感觉到自己讲出来的事情缺乏说服力时，他就会运用他的某些肢体行为来增强说服力、提升自己的信心，或是以此来掩盖自己的心虚。

奥维尔·霍巴特·莫瑞尔介绍说，那些说话时总是喜欢背着双手的人，自我防范意识一般都很强，做事往往都很小心谨慎，尤其是在面对FBI特工的审讯时，具有这种性格的犯罪嫌疑人往往都会时刻警惕着，准备着，一旦FBI特工提出了某种超出问询内容范围内的事情，他们立刻就会拿出事先准备好的话来进行回击。FBI特工肖恩·波特认为，虽然这种背着手和人谈话的人总是一副十分谨慎的样子，但过于谨小慎微反而很容易让人从他们偶尔做出的某些行为中，不经意地就看出他是不是在说谎。

在FBI特工眼里，说话时总是爱把手指合在一起的人往往有着急躁的性格，而在他们把手指合在一起的同时还会做出双手不时来回搓动的动作。这种人的感性很强，经常会凭借自己的直觉去处理一些事，但同时他们又十分懂得如何将自己的感性认识与抽象的推理结合起来，并遵从客观规律去完成自己的事业。这种理性和感性的结合，让他们很容易在某一领域获得成功。这样的犯罪嫌疑人，往往是很难缠的对手，但对于富有经验的FBI特工来说，这种看起来似乎具有十分完美性格的人，经常也会因为他理性的一面而早早地便说出了真相，因为他们心里很明白，如果不是有了比较明朗化的证据，警方也不会轻易把他们叫来问话的，而无论自己如何矢口否认，最终当警方掌握了足够的证据后，结局对自己而言都是一样的。

美国心理学家加西亚通过他的研究和实验认为，讲话时喜欢将五指分开的人一般心胸都比较开阔，而且性格豪爽，爱打抱不平，但这类人的缺点也十分明显——他们做事马虎，常常会由于自己的爱管闲事而给自身带来许多不必要的麻烦。与此相反的是喜欢在说话时并拢五指的人，这种人往往性格都比较软弱。如果是男人，绝对是个老实人。由于他们的缺点是为人做事经常过于谨小慎微，所以这种人很容易因外界的过度干扰而患上精神方面的疾病。

还有一种人，在说话的时候总是喜欢将两只手插到自己的口袋里，却独独将自己的两个大拇指露在外面。加西亚认为，这种人做事往往都很自信，为人心高气傲。而说话时总喜欢紧握五指的人则占有欲太强，而且很有心机，无论是做什么事，总是喜欢事先做好充分的准备，时机一到就会立刻付诸行动。在FBI特工的调查工作中，这种人的性格往往也是容易引发他们犯罪的根源。因为这种人有着明显的性格缺陷，他们总是喜欢将痛苦或是快乐凭着自己的喜好施加给他人，所以这让他们常常会成为招惹是非的危险人物。

说话时喜欢握紧拳头的人，表面上看来往往给人一种脆弱的感觉，而且这种人也的确有较软弱的个性。但在FBI特工艾森克看来，这种表面看起来文文弱弱的人，其实内心却十分顽强甚至有些固执，只不过是天性的多疑让他们总是感觉没有安全感，所以常常表现出一副患得患失的样子。当FBI特工面对这种性格的犯罪嫌疑人时，如果不仔细观察，很容易就会被他们的外在形象所迷惑。虽然这种人的心理防范意识都很强，但这种人往往感情非常丰富，并且富有同情心，善解人意。

在素有“橡树之城”之称的北卡罗来纳州的首府罗利市，这座在美国人眼里最适合人居住的城市一隅——北卡罗莱纳大学，在2009年突然发生了一起女学生坠楼事件，警方很快介入了调查，并了解到了事情的具体经过。据在场的目击者米奇·哈顿叙述：当时他本来是去找凯瑟琳还一本书的，凯瑟琳从房间出来后，他们就站在了三楼的走廊上，两个人讲了大概有五分钟左右的话，米奇·哈顿就转身走了，可是他刚刚走出了大约有三四步，就听到凯瑟琳在身后喊了一句“哈顿”，等米奇·哈顿回转头去看时，凯瑟琳却突然不见了。

紧接着，五楼下面的校园里就传出了有人跳楼的消息。警方通过对事发现场的勘查和走访，竟然发现当时站在走廊上的只有凯瑟琳和米奇·哈顿两个人，而这也就意味着只有米奇·哈顿一个人目睹了凯瑟琳从楼上掉下去的过程。那么，这是不是说明米奇·哈顿就是真正的凶手呢？警方通过对凯瑟琳的尸体检验，以及对其死因的调查，发现凯瑟琳确实是由于从高空坠落而导致死亡的，而且在其死前并没有受到过什么外界的干扰，难道真的仅仅是一种巧合？办理此案的警长感到事情来得有点突然，加上近期附近几个州发生了两起自杀式商场爆炸案，为了慎重起见，他们就将案情上报给了FBI，由安德烈·贝托负责。贝托赶到这所学校后很快了解到了事发的经过，又根据最早经办此案的警长阐述，他也觉得事情显得有些过于巧合了。于是贝托再次询问了米奇·哈顿，他的供述与之前并没有什么差异，但贝托和那位警长却发现，米奇·哈顿的神情好像十分紧张，不但讲话时声音显得有些急促，甚至是在说话的间隙也总是喜欢偷偷地看看他们，同时，贝托却又清晰地从米奇·哈顿回忆的眼睛中看到了一种惋惜和痛苦。究竟是什么原因使这位少年露出了如此真切的神情呢？在接下来的询问中，贝托又有了一个新的发现，那就是在询问中，米奇·哈顿自始至终都紧紧地将一只手握成了拳头，在之前询问时拍下的录像中，米奇·哈顿都有这种握拳头的情况出现。原来，米奇·哈顿天生就是这种性格，并不是因为紧张害怕才会表现出这种样子的，但从他的神情和表现中可以断定，这个少年一定是向警方隐瞒了什么，那究竟又是什么原因让这个少年将真相隐瞒了起来呢？

既然无法从询问中获得真相，贝托就开始围绕着米奇·哈顿的生活展开了调查。他发现，这个看上去文弱的少年果真极富同情心，经常利用假期去打零工或是到社会上去搞募捐，用以资助那些贫困儿童和孤寡老人。而同时他还发现，死者凯瑟琳也在和米奇·哈顿一起照顾一位敬老院的老人，这就说明凯瑟琳生前跟米奇·哈顿是好朋友。那么，他们之间会不会是因为某种事情而导致了分歧，从而引发了这起谋杀案呢？贝托再次询问了米奇·哈顿，但他并没有再提凯瑟琳的死，而是围绕他们的募捐资助活动展开了朋友式的聊天。当聊到那位孤寡老人时，米奇·哈顿脸上突然焕发出了神采，而且他一直握紧的拳头也松散开来，但当他兴致勃勃地谈到这个月底就是老人的生日时，突然间脸上出现了一副极痛苦的表情，他喃喃地说：“可惜凯瑟琳不在了。”然后他深深埋下了头，等他再抬起头来的时候又握紧了一只拳头，而且他带着忏悔的语气终于说出了事情的经过——在当时他转身走出三四步的那几秒钟之前，米奇·哈顿和凯瑟琳刚刚发生了争吵——两个人在争谁为老人买生日蛋糕的事情，凯瑟琳硬要将钱塞给他，他把钱粗暴地甩给了凯瑟琳，便扭头走了，然而正是在这几秒钟里，凯瑟琳身子一滑，加上突然而起的一股风，凯瑟琳就从护栏处飞了出去，而正是在这时候，米奇·哈顿听到了凯瑟琳最后的那一句叫声。

FBI特工安德烈·贝托运用他细致的观察及时探知到了

米奇·哈顿的性格，并根据对方性格上富有同情心这一特点，从生活的角度入手，让一场原本除了米奇·哈顿之外再无人知晓的坠楼事件最终还原出了真相。

从抱怨声中分析对方所关注的事情

现实中，每个人或多或少都会有抱怨，有的人抱怨工作中没能取得成绩，有的人抱怨生活中总遇到烦心事，还有的人抱怨社会财富分配不公……在FBI看来，不同的抱怨声背后有不同的心理特征。抱怨工作没能取得成绩的人大多是上进心强的人，在他们的内心深处总是渴望成功；抱怨生活中总遇到烦心事的人大多是不善于排解压力的人，他们关注的更多是如何得到别人的帮助；而那些抱怨社会财富分配不公的人大多是一些恨世嫉俗的人，他们期望的是得到更多公平的机会。

FBI特工每天都会接收到各式各样的情报，有犯罪分子潜入机场实施犯罪活动的情报；有恐怖分子劫持人质的情报；有贩毒团伙出逃境外的情报；有因为失业率过高引发的暴力示威情报等。面对如此繁多的情报，FBI特工总能从容对待，在快速察觉到对方心理特征的同时，还能快速地采取应对措施。而有这样一件发生在美国波士顿金融区的案例就足以说明FBI具有快速察觉对方心理特征的能力。

上世纪八十年代，随着美国国内失业率的不断攀升，美国各主要城市相继出现了示威游行活动，波士顿金融区也未能摆脱示威的浪潮。所幸的是，在示威游行中并没有出现人员伤亡的情况。之所以未出现人员伤亡的情况，与FBI能够快速察觉游行人群的心理特征，并及时对其心理进行疏导有关。

这一天，波士顿金融区聚集了数百名手持标语和横幅的示威人群。示威人群缓慢地走在大街上，并齐声喊着口号，要求政府帮助他们解决就业问题。中午时分，示威游行的人越来越多，而此时驻守在金融区附近的FBI特工意识到，如果示威人数越来越多，难免会引发骚乱，于是FBI特工便伪装成示威人群混入了游行队伍。其实，FBI特工混入游行队伍就是想听听示威人群的心里想法，以便帮助他们解决问题。当他来到一名高喊“我要工作！”口号的中年男子面前时，中年男子随即大声抱怨起来：“我本来是个银行家，可上周却接到了被辞退的消息，这让我不能接受，因为我每个月还要支付5000美元的银行账单。如果政府不能为我提供就业，我就不会善罢甘休！”显然，FBI特工从这个人的抱怨声中便可得知他是个为失业而苦恼的人。为了弄清楚其他游行人心里在想什么，FBI特工又继续寻找抱怨声。当他来到一位年轻女士身边时，听到这名女士抱怨道：“本以为从哈佛大学毕业后能找到一份适合我的工作，可找了半年，工作不仅没有着落，我还过起了借钱的日子。我希望政府能帮助我们这样的高材生解决就业问题。”又听完她的抱怨之后，FBI特工基本了解到了示威人群的心理特征，即想要政府帮助他们解决就业的问题。随后，FBI特工钻进一辆停放在金融区中心的宣传车，对着示威人群高声喊道：“各位朋友，你们的抱怨我们能理解，政府应该为你们解决就业问题，但你们想通过示威游行的方式解决问题是不可能的，希望你们停止游行，相信政府会做出让你们满意的答复的。”

在场的游行人员听到宣传车里的话后，此前愤怒的情绪开始有所缓解，抱怨声也随之减少许多——因为他们对政府还是充满信心的，游行示威只不过是一种抱怨的方式而已，而且有人还拿着横幅开始撤离金融区。可喜的是，不到半个小时，金融区的游行人群便得到了有效疏散。就这样，FBI特工使一场游行示威以和平的方式结束。

事后，参与此事件的FBI特工感叹道："能快速察觉对方心理并及时做出解决方案是极其重要的一件事情！"的确如FBI特工所说，善于倾听人们的抱怨声，并从抱怨声中察觉到对方的心理特征具有非常重要的意义。那么，FBI特工是通过怎样的方式从抱怨声中快速洞察出这些人的心理特征的呢?

第一，FBI特工能够耐心地倾听别人的抱怨。在他们看来，洞察对方心理要善于倾听对方的抱怨，而在倾听过程中就必须做到耐心，这样才能更真切更全面地听清抱怨声，而这样就为洞察对方心理做好了必要的铺垫。现实中的FBI特工总是能做到耐心倾听对方的抱怨，因为他们将其视为接近对方、洞察对方心理的首要因素。

第二，FBI特工能够站在对方的立场倾听抱怨。很多时候，快速知道别人心里想什么的关键就是懂得站在对方的立场上倾听其抱怨。在FBI特工看来，站在别人的立场倾听其抱怨，总能拉进自己与别人的关系，还能及时了解这个人的内心世界。

"想要快速知道一个人内心的真实想法，必须要懂得聆听他们的抱怨声，这无论是对于日常训练还是实战都具有非常重要的意义。"每当FBI特工听完这句前任局长艾伦·杜勒斯说的话后，都会为之一振，他们也坚信从对方的抱怨声这样的细节中能真切地洞察出他人的心理特征。

多留意暗语，也会有意想不到的收获

暗语虽然是人们交流中的一种方式，但FBI却能从暗语中得知其背后暗藏的秘密。比如在一次与犯罪分子交锋的案例中，FBI就是通过暗语读懂犯罪分子的心理特征，从而有效制止了犯罪活动的发生的。

上世纪90年代末期，美国纽约金融街的一家银行的运钞车险些被劫匪劫持，幸好被FBI特工及时发现才避免了财物的损失。这一天早上九点，运钞车像往常一样停靠在银行门口，由押运人员将车里放有钞票的保险箱提到银行里。让人没想到的是，银行对面的一家饮料店里有两名身穿黑色风衣、头戴黑色礼帽的人在目不转睛地盯着运钞车中的保险箱。恰巧，此时FBI资深特工威廉·慕斯也在饮料店里喝果汁，而且就坐在两名行踪诡异的人的后面。威廉·慕斯点了一杯果汁，便假装翻看起书架上的杂志，暗暗观察了几分钟后，他发现自己前面那两名行踪诡异的人依旧注视着对面的运钞车。看到这种情况，威廉·慕斯假装没有在意，继续喝着杯中的果汁。五分钟过去了，他突然发现前面的两个人将头靠得很近，而且有细小的交谈声传来。虽然威廉·慕斯没听清他们谈话的内容，但他隐约感觉到了事情的不妙。于是，威廉·慕斯随即提高了警惕，继续观察着他们的一举一动。过了一会儿，其中一名行踪诡异的人站起身，漫不经心地在饮料店里走了一圈，好像在查看饮料店的情况，经验丰富的威廉·慕斯意识到他这是在观察现场环境。回到座位上后，他又和同伴说起了暗语，并用手指向了对面的运钞车。威廉·慕斯从两名行踪诡异的人所说的暗语中推断出，他们很可能要抢劫运钞车。

随后，两名行踪诡异的人不再说话，大口喝着杯中的果汁，之后，他们再一次说起了暗语。但是，这次说完暗语之后，他们将手伸进了肩上斜挎的布包中。威廉·慕斯立即警觉起来，也不由地将手放在了腰间的手枪上。一分钟后，两名行踪诡异的人忽然站起身，向运钞车跑去，威廉·慕斯也迅速尾随他们跑出饮料店。正当行踪诡异的人持枪来到运钞车前准备实施抢劫时，威廉·慕斯的一声大吼吓得他们慌了神儿：“举起手来，蹲到墙角处！”无奈之下，两名行踪诡异的人只得乖乖地蹲在地上束手就擒。就这样，威廉·慕斯成功制止了一起抢劫案的发生。

从这个案例中不难看出，威廉·慕斯之所以能成功制止这起抢劫案的发生，是因为他从行踪诡异的人传说的暗语中发现了秘密并及时采取了行动，从而避免了抢劫事件的发生。FBI总部得知威廉·慕斯在此次案例中的表现后，不仅对他提出了表彰，还号召其他特工也能像威廉·慕斯一样，掌握从暗语中读懂对方心理特征的技巧。在表彰会上，威廉·慕斯向台下的FBI特工传授了以下从暗语中读懂对方心理的技巧：

1.细心观察是直击对手心理特征的首要因素

在威廉·慕斯看来，要从对手的暗语中读懂他们的心理特征，首先要做到细心观察，比如细心观察对方的言语特征等。通过观察，就可以初步判断对方心里的想法。本案中，威廉·慕斯就是通过细心观察的方式观察到犯罪分子总是低声细语地说暗语的，在威廉·慕斯看来，他们这是明显地想隐藏内心的秘密。

2.分析暗语所处的环境

在威廉·慕斯看来，并不是所有的暗语都存在问题。比如情人之间在温馨浪漫的环境中所说的暗语可能代表的只是两个人的呢喃；子女和父母在家庭里的暗语是亲情的一种表露。而本案中，两名行踪诡异的人在饮料店盯着对面的运钞车而说出的暗语就值得怀疑。因为在这样的环境下，他们内心的意图会充分暴露出来——抢劫运钞车。经验丰富的威廉·慕斯看到两名行踪诡异的人总是说暗语，并将目光停留在运钞车上时，就判定两名行踪诡异的人心里有作案的想法。于是，在这种情况下，为了避免犯罪的发生，威廉·慕斯就提前做好了心理准备。

3.从暗语的使用频率中洞察出对手的心理特征

在威廉·慕斯看来，一般情况下，一个人将自己内心真实的想法通过不公开的方式告诉给别人所采取的方法就是说暗语。这本身毋庸置疑，但如果暗语使用的频率过高，问题可能就不是那么简单了。FBI心理研究中心的负责人约翰·波特尔曾这样表示过："一个人说暗语，大多是因为他要将不便于公开的信息告诉别人，可当这个人向别人说的暗语过多时，就会让人感觉到他们心里有很多秘密，甚至是不可告人的秘密。在这种情况下，就可以通过他们使用暗语的频率得知他们的心理特征。"本案中的两名行踪诡异的人第一次说暗语时，并没有引起威廉·慕斯的怀疑，但当他们第二次、第三次说暗语时，便引起了威廉·慕斯的注意。而最终事态的发展正如威廉·慕斯所料的那样，两名行踪诡异的人想抢劫运钞车。

由此可见，FBI特工们掌握读懂对方心理特征技巧的暗语还是非常有必要的。

谈话时爱发牢骚，或许是不愿承认自己无能

凡被压抑在内心深处的意愿，并不止限于情感方面的问题，其实对于工作方面的欲求得不到满足，也是非常之多的。关于这一点，一般来说大体上会采用发牢骚或埋怨的方式表示出来。我们从这些埋怨的话题里，就能够探究有关欲求不满的实质。

当你经常对别人谈论你对工作环境不满的牢骚话，以及对人事方面的埋怨。为什么你的话题谈来谈去总是离不开发牢骚方面的内容呢？或许你不愿承认自己的无能，而把责任推给单位。

那就是说你通常不会承认失败等不愉快的经历，也极力否认内心的自卑感，反而会设法找出适当的理由替自己辩护。

也许，在你发牢骚和埋怨的话题里，不少是关于上司的问题，从表现上看，你这个埋怨者对自己的顶头上司非常不满。其实，你的内心却有一股极想出人头地的欲望，就好像火焰一样在燃烧着。

无奈，自己偏偏没有这份才干，得不到上司的提拔。于是，就找出一套自欺欺人的逻辑，同时，为了使自己的心里能够接受这一套道理，便不得不责备上司的无能和忌贤妒才，使自己的观点合理化。

你的这种心思很难受到朋友和同事们的接纳，他们甚至反感这种怨天尤人的做法。

谈话时爱用典故的人，是为了假借权威

喜欢使用名人的用语和典故的人，一般来说大部分都属于权威主义者。

对于使用借用语的问题，不但是使用别人的语言来表达自己的意思，而且还透露一种超越自己以上的东西，一种自我扩张的表现欲。

假如你开口闭口就爱抬出一大堆晦涩难懂的语句或外

国语，使得别人产生一种走错庙门的感觉。事实上，你只是一个有意把语言当作防卫自己弱点的工具。你之所以这样做，目的是为了加强说话的分量，同时表示自己见多识广，来抬高身份和扩大自己的影响。

总的来说，喜欢借用名人的语句或典故，是狐假虎威式的权威主义，这说明你很憧憬权威，结果就养成了喜欢使用典故或借用语的习惯。如果你是位女性，那你就会借用你母亲的话，来表示自己的意思。例如“妈妈说他是一位好人。”说这句的含义，无非是借重母亲的威望，来表达自己的爱情。

不过如果你过分借用母亲的话语，那也表示你跟母亲是同一层次上的人，表明你的依赖心还太重。总的来说，你这种人在精神上一直是处在母亲的怀抱里，给人一种乳臭未干的模样，至少可以说明你在精神上还很幼稚。

突然表现出恭敬，很可能是因为轻蔑和嫉妒

你知道一个人在社会生活中能处事得体，那么恭敬语在言语中一直担任着非常重要的作用。当然，如果故意

使用不自然的恭敬语，只不过表示你在心理上有某种不平衡。

在一些无关紧要或熟悉的人际关系中，一般没必要使用恭敬语句。不过，如果有你很亲密的人，碰见你突然用恭敬的语句，那么你就不得不小心着点。比如你的配偶和你谈话时，突然使用亲切的措辞时，那么你就应当知道他（她）的心情非常之恶劣。

因此，如果一个人过分使用恭敬语言，那么就表明有激烈的嫉妒、敌意、轻蔑和警戒心理。

如果一位友人，突然对你表现得特别恭敬，那就等于和你的距离越来越远，甚至表示说话者也含有轻蔑与嫉妒的动机存在。

恭敬语仅仅是礼貌用语，它会常常在无意识中拉开自己与他人之间的距离。所以，从实际观点来看，如果你听到对方不断地向自己说出毕恭毕敬的话，那么，你就要小心提防他（她）的用意。

还该注意的另一点，当有人故意使用谦逊与客气的言语与你交谈，其实，他是企图利用这种方式和态度闯进你的心里，从而突破你的戒备防线。其真实动机在于企图控制你，以便实现居高临下的欲望。

对方消极拒绝的态度，即使不明说也能识破

在交际中，有些人并不是直截了当地表明他拒绝的态度，他不会直接说“不喜欢”“不要”“不想回答”等。如果对方有以下的行为表现，就有必要意识到对方很可能是在说“不”。

沉默。

当你问某人是否喜欢这首歌时，他沉默不语；当某人收到你的书面邀请后，他沉默不语……这就表明他“不喜欢”“不愿赴约”的态度了。

另有选择。

你问某个人：“这本书怎么样？”他若回答：“很好，不过我更喜欢……”那对方的态度也是不言而喻的了。

拖延。

问：“今晚能来吗？”

回答“今天不行，下次吧？”

推托。

“这东西还可以，就是太贵了。”

回避。

问："你觉得她长得怎么样？"

答："我脸盲。"

转移。

问："今天晚上你干啥？"

答："唉，你怎么又抽烟了。"

网络聊天中的读心识人术

在当今社会，通过QQ、微信、陌陌等进行网络聊天，已成为大众沟通的一个重要手段。在网上聊天，虽然相互间看不见表情，听不见声音，但是独特的网络语言却依然能将人们种种曲折的深层心理不知不觉地反映出来。在网上，通过文字，标点、特殊符号等传达的语言内容及流露出的语气除了能反映聊天者在社会阶层或地理区域上的特性外，还能反映出他们个人的修养、个性和心理。

在网上聊天的人虽然形形色色，但只要我们掌握方法仔细揣摩，就能揭开网络的帘幕，把对方的年龄、性格、气质、想法弄得清清楚楚。

1.从常用语气词分析：

（1）呀。

言语里含有很多“呀”字就显得此人比较幼稚。喜欢用这个语气的人，年龄通常都比较小，一般在20岁左右。

（2）呵呵。

这种笑是成熟温和的男人的笑法，当他赞许或无法回答你的时候就常用“呵呵”来表示或掩饰。他们是小女孩的克星。那些青涩幼稚的小女生常常会被这些成熟的男人迷得晕头转向，她们想要制服他们，但又玩不转，到头来被控制的反而是自己。“大智若愚”是这些成熟男人的绝招。

（3）哈。

喜欢用“哈”的人比较聪明，但是又很冷漠。这种笑的象声词既不表示赞许也无褒贬之意。

（4）哈哈。

这样的人比较开朗、豪爽。

（5）哈哈哈哈。

这样的人豪爽，乐观，和他在一起你会很开心。但有时“哈”的连用也表示恶作剧得逞后的开怀大笑。

（6）嘻嘻。

喜欢用这种语气词的人活泼调皮，古怪精灵，喜欢捉弄人。通常是一些年轻的女孩常用。

（7）嗯。

用这个词的人一般都比较温柔，能顺从人。这个词是女性常用词。

2.从说话内容分析：

（1）刚刚认识，还没说上几句话就开始说“我爱你”之类的暧昧语言的人，要么是年龄比较小的，要么就是极其空虚无聊的人。

（2）认识很长时间，双方情况都了解得一清二楚后才说“我爱你”，这样的人知道克制，比较能掌握分寸，年龄在30岁左右。

（3）不管在网上聊得多火热，从来不说我爱你的人城府很深，网络和生活能两分开。这种人一般都是年龄比较大的成熟理智型人物。

3.从常用标点符号分析：

（1）句子里点很多逗点。

这种人做事一般都很急躁，性情比较刚烈。如果是女孩子，她就比较率真，有男孩子的性格。

（2）用很多符号装饰话语。

喜欢用一些符号增加气氛，表达自己强烈的心情的人比较浪漫，讲究情调，年纪较轻。这种人一般女孩子多于男孩子。

（3）标点符号很整齐。

标点符号用得非常规范，连句号都不落下，说明这个人耐心细致，做事十分严谨，应该是比较成熟的人。

（4）不点标点符号。

从来不打标点符号的人值得引起注意，这样的人一般都比较有心计，善于要小聪明。同时他们又很鲁莽，做事不留余地，是一个很难把握的人。

4.从打字速度看：

（1）如果这个打字速度非常快，并且错字连篇，这样的人大都是些年轻人。他们做事毛躁，有强烈的表现欲。

（2）如果这个人打字一向很快，突然有些慢，并感觉好像在敷衍你，那说明他不止和你一个人在聊天，或是主要注意力不在聊天上，他可能在打游戏。对于这样的人应该尽量不要放在心上，而应顺其自然。

（3）如果这个人打字不是很快，但是说出的话幽默且富有含哲理，则表明这些话都是经过思考的，这样的人一般都比较成熟稳重，有修养。

在网上辨别人虽然相对比较困难，但是只要方法得当，我们不闻声不观色，照样能够“明察秋毫”，把人看透。

闲谈的话题，会透露人的内心

谈话是我们的日常生活中一项不可缺少的重要内容，而任何一件事物都可以成为我们谈论的话题。在谈话中，虽然谈话者不是非常直观地说出自己、透露出自己，但随着谈话的进行，谈话者会在不知不觉、有意无意当中暴露出其性格。在这个过程中，注意谈论内容是什么，谈论者的神态和动作怎样。细心一点，一定会获得一些有益的东西。

常常谈论自己，包括曾有的经历、自我的个性、对外界一些事物的看法、态度和意见，等等，一般来说，这样的人性格多比较外向，感情色彩鲜明而且强烈，主观意识较浓厚，爱表现和公开自己，多少有点虚荣。具有自我陶醉的倾向，属于以自我为中心的性格。那些言必谈己的人，事实上最关心的对象就是自己。深信这个世界就是应该以他为中心来运转，这种心理除了是一种自我陶醉，也有任性的性格倾向。此外，不仅谈论自己，而且动不动就把话题集中在自己家人、工作、家庭等周边事物的人，也可以将之归类为以自我为中心的性格。

与此相反，如果一个人不经常谈论自己，包括曾有的经历、自我的性格、对外界一些事物的看法、态度和意见，等等，则表明这个人的性格比较内向，感情色彩不鲜明也不强烈，主观意识比较淡薄，不太爱表现和公开自己，比较保守，多少有自卑心理。另外这种人可能有很深的城府。

一个人谈论的内容多倾向于生活中的琐事，表明他是属于安乐型的人，注重享受生活的舒适和安逸。

一个人如果经常谈论国家大事，表明他的视野和目光比较开阔，而不是局限在某一个小圈子里。

而爱发牢骚的人，多有压抑心理，属于否定型性格。牢骚是心理压抑的一种发泄，从发泄的牢骚里，可以发现一个人的心态和愿望。抱怨薪水太低的人当中，有不少是因为本身不喜欢这项工作，透过抱怨工资低而把不满的情绪表达出来；而会贬低上级主管的人，大都具有希望出人头地却又不易达成的欲望。这类型爱发牢骚成癖的人，除了心理压抑和心存不满之外，还出自一种虚荣心。

喜欢谈论他人私事，对别人的私事或隐私追根究底的人，大多是有强烈支配欲的人。其与人交谈时，话题总是围绕着别人打转，喜欢探听别人的私事。议论他人隐私的人，以女人居多。对于和自己没有多大关系的人，如社会名流、电影明星等，喜欢评头论足，说长道短。这种类型的人除了有支配心理之外，也缺乏知心朋友，心灵空虚、孤独，且不甘寂寞。

一个人如果喜欢畅想将来，则表明他是一个爱幻想的人，这种人有的能将幻想付诸行动，有的却不能。前者注重计划和发展，实实在在地去做，很可能会取得一番成就。但后者只是停留在口头说说而已，最终多会一事无成。

在谈话时，比较注重自然现象，那么这个人的生活一定很有规律，为人处世也非常小心和谨慎。

好提当年勇的人，跟人谈话时，常去吹嘘自己当年如何奋斗的经历，唯恐别人不知道他的光荣历史，而结果，并不像他想象的那样好。

其实，从某个方面来分析他，可以发现他是个对现实不满的人，虽然他没有用怨恨的语言倾诉他的想法，相反却用自我表现的方式表达出来。

事实上，他还不知道这种自我吹嘘的言谈，很难适应时代的变化。可以看出他确实陷入某种欲求不满的环境中，可能他的升职途径遭受阻碍，或者无法适应目前所处的环境。所以他希望忘却现实，喜欢追寻往事来弥补现在的境遇。这是一种倒退的现象，因为眼前的情况是如此的残酷，所以，他仍用梦幻般的表情来谈。从他的话题里，别人会发现他的内心深处正在潜伏着一股无可救药的欲求和不满的情结。

有的人在和别人谈话时，经常把话题扯得很远，让你摸不着头绪，或者不断地变换话题，让别人觉得莫名其妙。这说明这种人有着极强的支配欲和自我表现意识，在他的意识中，很少把别人放在眼里，而完全摆出我行我素的模样，让别人都去听从他的主张，以他的意见为主导。

话题的内容不断变化固然是个好现象，但谈得离谱，一切都显得毫无头绪的样子，那就会使听众感到索然无味。假如他是个普通人，总谈些没有头绪的话题，或者不断改变话题，东拉西扯，那就表示他的思想不集中，给别人留下支离破碎的印象。这说明他是个缺乏理性思考的人。

还有些冲着别人猛说自己长短的人。一般人绝少把自己的长短毫不隐瞒地表现出来，使得大多人会误以为他是个“诚直之士”大可当作知心朋友，而与之深交。其实，依照心理学上的分析，一般的诚直之士，绝不会动不动就掀出自己的“底牌”，让别人瞧个够。自己的长处、短处，说来是一个人的内涵，把自己的内涵，轻易诸于众人之前，是一般人不屑为之的。

碰到这种人你要知道他的本性是：没有准则，容易见异思迁；对上司、公司的忠诚度大有存疑的必要；气量太小，往往为薄物细故而与人闹翻。

不提出自己的想法，只是附和别人或顺着别人话题的人，大多心性格宽厚并且能体贴别人。

过分使用客套话的人，心里存有戒心。在人际交往中，恰当地使用客套话是必要的。但如果两人的关系原本就相当好，一方却突如其来地说些客套话，则说明其“心中有鬼”或另有图谋。

同时，引用过度谦虚的言词，表示此人有强烈的嫉妒心、企图、轻蔑或戒备心，等等。

相反的，故意使用粗话的人，其内心其实是想与对方拉近心理距离，或者希望自己占于优势地位。

有的人经常喜欢散布和传播一些所谓的内幕消息，让别人听了以后感到忐忑不安。其实他们这样做的目的是为了引起别人的注意，满足一下他们不甘久居人下的虚荣心。他们并不是心地太坏的人，只要被压抑的虚荣心获得满足之后，天下也就太平了。

与人谈话时，一些见识浅薄、没有心机的人就会很容易地把自己的不满情绪倾诉给人听。对于这种人，只须当作一个普通朋友就行了。

假如和对方相识不久，交往一般，而对方就忙不迭地把心事一股脑儿地倾诉给你听，并且完全是一副苦口婆心的模样，这在表面上看来是很容易令人感动的。然而，转过头来他又向其他人做出了同样的表现，说出了同样的话，这表示他完全没有诚意，绝不是一个可以进行深交的人。

经常谈论各种现象和人际关系的人，可能他自己在这一方面颇有心得。

不愿意对人指手画脚、进行评论的人，偶尔在不得已的时候发表自己的看法，当面与背后的言辞也多会基本保持一致，这说明这个人是非常正直和真诚的。

对他人的评价表面一套，背地一套，当面奉承表扬，背后谩骂、诋毁，表明这个人是极度虚伪的。

有些人不断地指责他人的缺点和过失，目的是通过对比来证明和表现自己。

说话习惯与行为模式的关联

要想了解一个人的个性，最直接的方式莫过于由对方的描述中道出自己的个性如何：可惜的是，一般人有时也未必真正了解自己，由自己中描绘出来的自己恐怕都会失真。根据心理学家的研究证实，个人的说话方式，正反映了其内心深层的感受，说不定透过说话方式来判断一个人，会更为真实可信。

每一个人的说话习惯皆不尽相同，经过统计归纳结果发现，一个人的说活习惯与其行为模式有直接关联，利用这种关联作为识人的基本资料，有时远比透过星相去了解一个人更为可靠。

在“称谓语”中习惯把“我”挂在嘴边的人，具有幼稚、软弱的性格。根据心理学家的研究，谈话中频频使用“我”的人，自我表现欲强烈，时时不忘强调自己，唯恐别人忽略了自己。而习惯使用“我们”或“大家”来代替

“我”的人，具有随声附和或依附团体的性格。喜欢在谈话中引用“名言”的人，大多属于权威主义者。不论场合、不分谈话对象和主题，在与别人的交谈当中，会使用名人的格言来驳斥对方或证明自己论调的人，往往缺乏自信，习惯借助他人之名来壮大自己的声势。说话时如此，在生活和工作中也有类似的“狐假虎威”现象。

说话时喜欢夹杂几句外语，令听者感到困惑和别扭：这种类型的人通常希望借着语言来掩饰自己的弱点，多半是对于自己的学问、能力缺乏自信所致。

谈话中喜欢引用长辈说过的话，比如常将“我妈说……”挂在嘴边的人，表示其在心理和精神上尚未独立。而有些女性喜欢借用母亲的话来表现自己的意志，如“我妈妈说你很有风度……”等，表明她们心智尚未成熟，缺乏独立自主的个性。

如果一个人在叙述某一件事情的时候，只是单纯地在叙述，不加入过多的自我感情色彩，而且将自己置于事外，则表明这个人比较客观、理智，情感比较沉着和稳定，不会有过激行为。

相反，一个人在叙述某一件事的时候，自我感情非常丰富，特别注意个别细节，则说明这个人感情比较细腻，会一触即发。

如果一个人在说话时习惯于进行因果和逻辑关系的推理，给予一定的判断和评价，说明这个人有很强的逻辑思维能力，比较客观和注重实际，自信心和主观意识比较强，常会将自己的思想观点强加于他人身上。

如果一个人的谈话属于概括型的，非常简单，但又准确到位，注重结果而不太关心某个细节过程，平时关心的也是宏观的大问题，则显示出这个人具有一定的管理和领导才能，独立性较强。

如果一个人谈话非常注重过程中的某个具体细节问题，对局部的关心要多于对整体的关注，则表明这个人适合于从事某项比较具体的工作。这一类型的人支配他人的欲望不是特别强烈，可能会顺从于他人的领导。

有的人出口无赘词。虽然每句出口成章，但是，句句无赘词，交谈中始终掌握总的核心。这种人并不多见，他自己有什么嗜好，绝不到处瞎吹，也绝不会胡乱批评别人。脑筋灵巧，工作能力属上上，前途大好。

出口无废词的人，一般而言，属于那种不说便罢，一说起话来就口若悬河，大有势不罢休的感觉，这种人善于卖弄三寸不烂之舌，论实力，往往是微不足道，没什么大不了。他们往往能力不怎么样，但是善于掩饰自己的无能。说得多，做得少（有时候，做了也等于没做，效果很差，或是错误百出）。推卸责任是他的看家本领。

另外，还有一种情况也属于出口无赘词的人。他们不善言辞，说起话来木木讷讷的，光看外表，还以为是个无能之辈，实则不然。他们善解人意，绝不让人难堪。个性正直，言行一致。少说多做，而且所做的事都有板有眼，绩效彰显。

说话的速度和语气会透露人的内心

说话的速度快慢与一个人的性格绝对有关联，一个慢郎中绝不会说出如连珠炮般的话语来。而同样一句话，有可能因为语气不同，而使得意思完全走样。所以懂得从一个人谈话的速度和语气去了解对方的个性，无疑是掌握了一把开启对方心理状态的钥匙。

说话速度快的人，大多性子急躁；而那些说话慢条斯理的人，多是慢郎中，不管遇到什么事情，总是不疾不徐，反应比别人慢半拍。另外，通常不满意对方或心怀敌意时，言谈的速度就会放慢；相反地，当心里有鬼或想欺骗他人时，说话的速度大多会不由自主地加快。一个平时沉默寡言的人，突然之间变得能言善辩、喋喋不休，表明其内心有不欲人知的秘密或心虚，想用快言快语作为掩饰。

充满自信的人，谈话时多用肯定语气；缺乏自信或性格软弱者，说话的节奏多半慢条斯理、有气无力。

喜欢低声说话的人，不是缺乏自信，就是女性化的表现。

而那些说起话来没完没了，希望话题无限延长的人，其内心潜藏着唯恐被别人打断和反驳的不安，唯有这种人，才能以盛气凌人的架势一直说个不停。

喜欢用暧昧或不确定的语气、词汇作为结束话题的人，通常害怕承担责任。

经常使用条件句的人，如“这只是我个人的看法”“不能一概而论”“在某种意义上”或“在某种情况下”等，大多属于神经质和怕得罪人的个性畏缩型。

聆听他人讲话时，眼光始终无法集中，不是东张西望就是玩弄手指头，表示其对谈话者感到厌烦；而频频重复对方的话，表示其对此谈话内容具有高度的耐心与好奇心。

听话时不停地大幅度点头的人，表示他正认真地听对方讲话。而即使频频点头示意，但视线不集中于对方身上的人，表示对对方的话题没有共鸣；点头次数过多，或者胡乱附和的人，多半不了解对方谈话的内容；一面讲话，一面自我附和的人，大都不容许对方反驳，性情极为顽固。这种人往往无法与听者进行交流，总是一个人唱独角戏，唯我独尊。

酒后是否吐真言，要看醉酒的等级

酒之与人，可谓由来已久。古今中外，不管地理位置相距多么遥远，生活习惯相差多么悬殊，各个民族的人却都独立地发明了酒，而且使之与各种文化、习俗、甚至政治、历史发生深刻的联系，形成了丰富多彩的酒文化。

有的人甚至把饮酒和才情的发挥，文思的涌现、灵感的勃发等联系在一起。李白斗酒诗百篇；张旭喝了酒会以发醮墨，龙飞凤舞地大书而特书；武松在景阳岗喝了十八碗酒，才打得死那吊睛白额猛虎。诸如此类，不一而足。

但是，不可否认的是，除了特殊的人而外，大多数人喝多了酒，在酒精的影响下，会失去常态，所以，醉汉的话是不能全信，不可深信，但又不能不信的。这就要求在听的方面，须有更多一些讲究。

人们常说："以酒盖脸，无话不谈"，或者"酒后吐真言"。这种情况当然存在，但是不可否认的是在更多情况下，由于酒精的作用，使得不少人酒后出狂言，酒后出谰言，酒后出胡言。所以，对于酒后之言，不可一概不信，更不可一概全信，而要认真分析，根据不同情况，加以取舍，或者凭自己的判断，去其虚伪，取其精实，这才是正确的办法。

首先，我们必须认真观察，仔细判别，酒后说话之人醉到了一种什么程度。事实上，醉酒的速度大体可以分成五个等级，即微醉、初醉、深醉、大醉、沉醉。

对于微醉的人，由于其理智依然十分清楚，所以其言谈并未受到酒精的影响，思路也清楚，所不同者，有酒助兴，神经略显亢奋而已。此时，谈话者一般表现为神采奕奕，谈锋颇健，而且思路清楚，逻辑性严密，对于一些平时少言寡语、城府较深的人来说，这时可能大异于平时。所以，可以认为这是听话、交谈的大好时机。但是，也要记住，此时说话人醉酒极轻，思想活跃，完全能够控制自己，所以不该把他所说的全都认为是“真言”，要知道，说不定由于他们此时的思想活跃，反而在语言中运用了更多的技巧和隐语。因此，必要的“去粗取精，去伪存真，由表及里”的功夫仍不可少。如果要讲开诚布公，那么，对于平日讲话较少，城府较深的人，这倒是一个与之促膝谈心，进一步窥视其内心隐秘的大好时机。

初醉者在醉酒程度上已较微醉更进一层，此时，说话人在思路上，交谈的欲望上已出现不受主观意念支配的现象，可以说，这才是“以酒遮脸”。一般情况下，这也是“酒后吐真言”的前期阶段。

正因为此，所以初醉者此时谈话的特点是，或者滔滔不绝，不让别人插言：或者是神情激奋，表情认真，或者斩钉截铁，一言九鼎；或者态度神秘，令人莫测；或者思路灵活，大异往时；甚至语惊四座，极度坦诚。总之，此时人由于酒精作用大及的活动已进入亢奋时期，在较大程度上，已不受日常习惯和顾虑的限制。虽然语方是清晰的，逻辑是合理的，情绪是兴奋的，态度是诚恳的，但是却已异于平时，再不受脸面、环境、关系、礼俗等的约束，可以说，他已经到了道平时所不想道，说平时所不肯言，破除情面关系，扫除世俗障碍，照理而言，据实陈述的时候。所以，这是听话的千金难买的大好时机，切不可轻易放过。所谓要知心腹事，但听口中言，此其时也！

人超过初醉，到了大醉就已经开始失去理智，此时，人的思维已经紊乱，意识已经模糊，判定能力已经失去。所以已经说不出什么有逻辑、有思想的谈话，从这种意识几近模糊的谈话中，已经很难获得说话的真实含义以及真实思想，故此也就谈不上什么真言假言了。

人进入沉醉状态时正常意识已基本消失，大多沉沉入睡，即使未曾入睡，也完全失态，即使尚能发声，也是语无伦次，彼此全不连贯的咿唔之声，既谈不上什么语言，更谈不上传达什么思想和信息了。

综上所述，初醉、微醉乃是谈话和听话的黄金时间，所谓“酒后吐真言”者，当其时也。所以，在这种情况下，听者应当集中精力，努力获取信息，万勿以酒后之辞无足轻重而弃之。如果说话人已进入大醉的阶段，则听者必须注意，万勿随意地把“酒后吐真言”的说法滥推到这个阶段。如果人已进入大醉、沉醉，则此时之言，多不足信，听不听两可。

通过三种途径识别拍马屁的小人

北宋王安石实行变法革新的时候，任用了一些新人做官，邵雍给他写信说："你现在当政，对于你的改革，一些人有看法。特别是那些有道德的人，他们虽然说话难听，常常使你厌烦憎恶，但以后你会得到他们的帮助。相反那些善于奉承拍马的人，目前他们的话你听起来很顺耳，心里感到高兴，可是一旦你失势，他们之中一定有人会出卖你。你应该警惕这种谄谀之辈。"后来果如邵雍所言，深受王安石欣赏的吕惠卿就背叛了他。

怎样识别奉承拍马的人？其中有三种途径：动作、语言、神色——也就是他们办事的方式，说话使用的言辞，浑身上下显露出来的神情。唯唯诺诺的小人走路的架势和姿势都要学领导的样子，说话时的用词和口气也开始与领导相似，甚至连腔调也会和领导一样。

就像铁屑被磁铁吸引，唯唯诺诺者、阿谀奉承者，都以上司为靠山。如果将磁场关闭，这类喜欢奉承拍马的人就会像一堆没有生命的木偶一样散落在地，显得愚蠢可笑，完全散了架子。对于这样的人和事，正人君子是不屑一顾的。古人对此有这样的说法：与地位高的人交往不阿谀奉承，可谓悟到了交友的关键。那些花言巧语、察言观色的人则被认为是不讲仁义的小人。公孙弘将学习的目的歪曲为阿谀取媚，汲黯能当面指责汉武帝的过失，萧诚和柔而善美言，张九龄因此断绝了与他的往来，郭霸品尝魏元忠的小便，宋之问为张易之等人端尿壶，赵履温甘为安乐公主拉车的牛马，丁渭在宴会上为寇准擦胡须上的汤渍。这些人载于史册，遗耻千古。

奉承拍马在程度上有轻重之别，并不都像敬佩和崇拜那样单纯，许多人是在不自觉的情况下充当了对上司唯命是从的角色，而有些人则是非常自觉的。这其中有一些比较普遍的原因——保住工作饭碗：背靠大树好乘凉，有人当靠山总比较保险。掩盖真实意图：暗中打算跳槽，不让别人察觉。缓和紧张气氛：何苦兴风作浪？待人和气为好。着眼个人前途：赢得上司好感，有利于个人发展。

从打招呼的方式中，可以看出人的性格

见面打招呼、问好是人们在交往中互相表示友好和认定的一种方式。正因为打招呼是人们见面时最简便、最直

接的礼节，是人人都需要实施的行为，极具普遍性，在日常生活中出现的频率极高。所以，打招呼的方式也就透露出了关于这个人性格的消息。

打招呼的方式因人而异，从打招呼和应答的方式中，都可以或多或少地反映出人的性格。

1.打招呼时双方的距离，可显示出双方心理上的距离

我们相互打招呼的时候，若能观察对方与自己之间保持的距离，就会洞察对方心理状态的特点。比如对方在打招呼的时候，故意后退几步，也许他自己认为这是一种礼貌，表示谦虚，然而这种小动作往往让人误解是冷漠的表现，以致引不起话题，同时也难以开怀畅谈。像这种有意拉长距离的人可视为警戒心、谦虚、顾忌等情感的表现。

如果下意识地保持距离，说明了对对方的疏远、警戒，试图造成对自己有利的气氛，使对方的心理状态处于劣势。

2.边注视边点头打招呼的人，怀有戒心

一面注视对方的眼睛，一面点头打招呼的人，除了对对方怀有戒心外，还具有处于优势地位的欲望。

有些人在打招呼时，一直凝视着对方的眼睛来点头，其心理是利用打招呼来推测对方的心理状态，并含有对对

方保持戒心、企图比对方优越的表现。

公关专家建议，要想和这种人接近，应特别注意诚意。若在这种形态的人前暴露自己的缺点，则会被对方瞧不起，所以不能操之过急，应采取长时间接近法。

3.不看对方的眼睛来打招呼，大都有自卑感

如果你看着对方的眼睛打招呼，但对方不看你的眼睛而做应答，那并不是看不起人。这时，你须抑制自己，姑且平静心态相对。因为，对方实在是因为怕生人而胆小，或有强烈的自卑感，并非自傲、瞧不起人，在此时如同“被蛇看上的青蛙”。那么，你切记不要做那条“蛇”，这样双方才能平等、互相了解。

4.初次见面就很随便打招呼的人，是想形成对自己有利的势态

初次见面就很随和地打招呼的人，往往使人大吃一惊。有人往往认为这样的人很轻浮，其实这种人往往很寂寞，非常希望与别人接近。去酒吧或俱乐部时，坐在自己旁边的女士，虽然是初次见面，却很亲热地与自己交谈，事实上是为了使当场状况变得有利于自己。

公关专家提醒，当遇到“见面熟”的男性时，女性要特别小心，切勿使男性有机可乘。这种男性的性格浪漫大

方，是个滥情家，性情懦弱，迷恋女性，且其中不乏游手好闲的男性。

5.虽然经常见面，还是千篇一律地打招呼，是自我防卫、表里不一的人

有些人曾经在一起喝过无数次酒，且经常一道工作，还是千篇一律地打招呼。这种人具有自我防卫的性格。

有的人接到你的礼物时会说："真是谢谢，不要这么客气。"做此招呼是人之常情。但有些人收到礼物时，却佯装不知道。

当你不知道送给对方的礼物收到没有时，接受礼物的人见到你后还是淡然地说："你早。"如此简单的话舍不得多说几句。等旁边没有人时，他会说："前些天，收到了你送的礼物，谢谢你。"这种人多占据重要的位置，所以自己的言谈不能太随便。在工作场所，除与工作有关的事情外，其他废话不必多说。

另有一些人，在工作岗位上看来非常认真，私下却非常喜欢打麻将，这样的人表里反差大，对出人头地、名誉非常着重。

6."招呼用语"揭示人的性格

路易斯维尔大学心理学家斯坦利·弗拉杰博士声称，

从一个人的打招呼用语，可以了解这个人身上的很多东西。能揭示性格的招呼语，是指你刚刚结识某人时或与熟人相遇时最经常使用的那一种。斯坦利·弗拉杰博士举出了几种常见的招呼语，每一种均可揭示出说话者的性格特征：

“你好！” 这种人头脑冷静得近乎于保守，对待工作勤勤恳恳，一丝不苟，能够控制自己的感情，不喜欢大惊小怪，深得朋友们的信赖。

“喂！” 此类人快乐活泼，精力充沛，渴望受人倾慕，直率坦白，思维敏捷，富于创造性，具有良好的幽默感，并善于听取不同的见解。

“嗨！” 此类人腼腆害羞，多愁善感，极易陷入为难的境地，经常由于担心出错而不敢做出新的尝试。但有时也很热情，讨人喜爱，当跟家里人或知心朋友在一起时尤其如此；晚上宁肯同心爱的人待在家中，而不愿外出消磨时光。

“过来呀！” 此类人办事果断，乐于与他人共享自己的感情和思想，好冒险，不过能及时从失败中吸取教训。

“看到你真高兴。” 此类人性格开朗，待人热情、谦逊，喜欢参与各种各样的事情，而不是袖手旁观。这类人是十足的乐观主义者，常常沉溺于幻想，容易感情用事。

“有啥新鲜事？” 这种人雄心勃勃，凡事都爱刨根问底，弄个究竟，热衷于追求物质享受并为此不遗余力。办事计划周密，有条不紊；遇事时宁愿洗耳恭听，而不便表态。

“你怎么样？” 这类人喜欢抛头露面，利用各种机会出风头，惹人注意；对自己充满了自信，但又时时陷入迷惘。行动之前，喜欢反复考虑，不轻易采取行动；一旦接受了一项任务，就会全力以赴地投身其中，不圆满完成，决不罢休。

对方的日常用词，会透露对方的心理特征

说起话来总是用“你应该……”“你不能……”“你必须……”等命令式的口气，这样的人多半自信、骄横、专制、固执、权欲很大。

说起话来常用“我个人的想法是……”“是不是……”“能不能……”等商量式口吻的人，通常较和善可亲，客观和理智，待人接物冷静，慎思明断，尊重别人。遇事能

做到客观理智，冷静地思考，认真地分析，然后做出正确的判断和决定。不独断专行，能够给予他人足够的尊重，反过来也会得到他人的尊重和爱戴。

说起话来总是“我不知道……”“我要……”“我想……”的人则通常比较天真、任性，爱感情用事、易激动。而那种使用“我们”或“大家”来代替“我”的人，具有随声附和或团体合作的性格。

一般来说，经常连续使用“果然”的人，多自以为是，强调个人主张，以自我为中心的倾向比较强烈。

经常使用“其实”的人，自我表现欲望强烈，希望能引起别人的注意。他们大多比较任性和倔强，并且多少还有点自负。

经常使用流行词汇的人，热衷于随大流，喜欢浮夸，缺少个人主见和独立性。

经常使用地方方言，并且还底气十足，理直气壮的人，自信心很强，有属于自己的独特的个性。

经常使用“这个……”“那个……”“啊……”的人，说话办事都比较小心谨慎，一般情况下不会招惹是非，是个好好先生。

经常使用“最后怎么样”之类词汇的人，大多是潜在欲望未能得到满足。

经常使用“我……”之类词汇的人，不是软弱无能想得到他人的帮助，就是虚荣浮夸，寻找各种机会强调自己，以引起他人的注意。

经常使用“真的”之类强调词汇的人，多缺乏自信，唯恐自己所言之事的可信度不高。可恰恰这样，反而会起到欲盖弥彰的作用。

经常使用“绝对”这个词语的人，武断的性格显而易见，他们不是太缺乏自知之明，就是自知之明太强烈了。

经常使用“我早就知道了”的人，有表现自己的强烈欲望，只希望自己是主角，任凭自己发挥。对他而言，他们却缺少耐性，很难做一个合格的听众。

喜欢在谈话中引用“名言”的人，大多属于权威主义者。他们会不论场合、不分谈话对象和主题，在与别人的交谈当中，频繁使用名人的格言来驳斥对方或证明自己的论点。这种人缺乏自信，低估自己的能力，习惯借助他人之名来壮大声势。说话时如此，在生活和工作中也有类似的“狐假虎威”的现象。

对方的口头禅，会透露对方的性格特点

1. “我妈说”

谈话中喜欢引用母亲说过的话，将“我妈说……”挂在嘴边的人，在心理和精神上尚未独立。有些女性借用母亲的话来表现自己的意志，如“我妈妈说你很有风度”等，表明此人尚未成熟，没有完全独立的个性。

2. “但是”

当对对方说的话不表示认同，或者持否定的态度时，便会使用“但是”这个转折语；当认为对方所说的是错误的，想要反驳或推翻他们的言论时，也经常使用“但是”这个词语。

然而有一种人，不论什么时候，都喜欢使用“但是……”来作为开场白。一般在“但是……”后面所接的句子应该是否定的，但仔细听他们接下来所发表的意见，其叙述的内容与前面所述大同小异。这种时候本来没有使用“但是”的必要，他们之所以如此，其用意只是为了不想一直扮演“听者”的角色，而希望将谈话的焦点转移到自己身上。这种老爱说“但是”的人，心中就常存有否定对方的攻击性心理。只要能将对方贬低，就觉得自己很

伟大。

正因为如此，这一类型的人便常常喜欢滥用“但是”这个词，为反对而反对，为否定而否定。如此一来，原本愉快的谈话也会变得索然无味，即使如此，这类型的人还是对于他人的感觉无动于衷。

3. “所以说”

常把“所以说……”挂在嘴上的人，是经常会把之前自己说过的话加以强调并爱下结论的类型。他们认为自己在一开始的时候就已经了解所有的事情，颇有先见之明。

当别人说出事情的结果时，他们总是会说：“我之前不就说过了吗？我早知道结果会是如此。”特别强调自己对事情的发展早已经了如指掌。他们绝对不会说：“是啊！你说得对，我也是这么想。”而总是说：“所以说，这件事情就是这样，我之前不就说过了吗？”态度表现得非常强硬、傲慢，并且喜欢将所有的功劳往自己身上揽。

4. “对啊”

“对啊”这个词语是用来肯定对方说的话，这是毋庸置疑的。

5. “嗯！对啊，就如同你所说的。”

“对啊！确实是这样，我也有同感。”

类似这些用来赞同对方、认同对方的话，会让对方听起来格外舒服、顺耳，非常高兴地以为原来你的看法和他一样。

他们不是属于自我意识强烈的类型，个性表现上也不强烈，更不会勉强别人照着自己的步调走，他们比较能体会别人的心情，不会硬要别人凡事都必须顺着自己的意思来做。

不小心说错的话，很可能是对方的真心话

奥地利下议院院长，在宣告议会即将开始时，一不留神便说成了“议会结束”，因为要让这个议会顺利进展的困难颇高，所以议长在心中便有“希望议会尽早结束吧”的愿望存在。这个愿望表现在其不经意的话语中，本人在意识中清楚地知道议会一定要进行，但在潜意识里又有恐惧、不想面对的心理，两者互相矛盾、冲突，因而引发了这种错误的行为。

生活中，你有没有在无意识中，说出奇怪的话的经历？心理学家弗洛伊德认为，说错、听错，或者是写错等“错误

行为”，都是将内心真正的愿望表现出来的行为。

通常，说错话的一方都会找出自己是“不小心”“不是真心的”等借口，但事实上，那不小心说错的话，其实才是真正想说的。这些在我们的日常生活中，可以说是屡见不鲜。

由此可知，那些常常会说错话的人，可以推断为大部分是习惯性地隐藏真正的自己，是个表里不一的人。而且，心中很强烈地禁止自己把这些真心话表露出来。

“这件事绝不能讲出来”“这事绝不能弄错，非小心不可”，当你越这么想的时候，便越容易将它说出来。相信很多人在日常生活中，也会遇到类似的情形吧！越是被禁止的东西，越去压抑它，就越容易表露出来。

总而言之，暗藏在我们心中的许多事情，当你越想要去隐瞒它、掩盖它的时候，就越容易说错话或做错事，无意之间让心虚表露无遗。

马上就找借口，往往是没有自信心的表现

人们下意识地试图忘记不愉快的事，做错了事，就马

上想借口替自己开脱，把自己的缺点和失败的原因转嫁给他人，强调别人也会出错，来维护自己的自尊心，这种心理机制被称为“防卫机制”或“自我防卫机制”，因而出错的时候也能看出人们隐藏的心理活动。

不管出了什么差错，马上找借口的人，对自己缺乏自信，光是考虑怎样才能转嫁责任。胆小而神经质，有过于在意他人看法的倾向，比起自己的意愿来更愿意遵从周围人的意见。他们以为即使犯的是小差错，也会被人耻笑，所以最好是随着别人的想法办事，万一失败，也不致一个人受责。

归根结底，找借口的目的就是要把自己努力和行动力不够的缺陷正当化。可是，即便一时转嫁了责任，如果不承认自己的过错，反而给人留下坏印象。

另外还有一些有负面效果的讲话方式。说者似无心，但它隐藏了发言人的性格、真实想法以及企图从心理上操纵对方的愿望，下面我们举几个例子。

1.对公司和上司牢骚满腹

一张嘴就是对工作的牢骚，如果老是这样，耐心的人也会听厌了。牢骚和不满多的人，一般比较消极，缺乏行动力。

每天晚上抱怨要辞职而一直没有辞职的迹象，也没有开始寻找工作的活动。他们不过是靠发牢骚来泄私愤而已。

2.我早就知道会这样

回顾已经发生的事时说的话。“那时我就知道不行”“从一开始我就知道会是这种结果”。这类说法多用来表达一种否定的意见和情绪。

如果是为了反省自己失败的原因还情有可原，但如果一贯是这种腔调，就真想问他“那你为什么不早告诉我？”对方肯定会这样回答“不是上司不同意嘛！”总之他的意思是：原来我就这么想，结果应验了。我有先见之明，而造成失败的原因是上司无能。他的目的是转嫁责任给上司。爱发表这类言论的人，全是事后诸葛亮，没有信用，也不能委以重任。

3.那时要是这么办的话

回顾过去时老是后悔不已：“那时我要是这么办就好了！”“那么好的机会，要是不回绝就好了”“那时我要不那么固执，就不会和女朋友分手了。”……他们想说的是：如果当时采取了另外的行动，结果就会不同。老爱这么说的人性格消极，缺乏行动力，结果都是丧失机会而导致失败。

4.如果……

“如果我再聪明一点……”“如果我上了名牌大学……”“如果我进了别的公司……”即便真的如此，像这样总是向后看的思考方式，结果也不会两样。不管有怎样的好机会，也会被他浪费掉了。

5.不管对什么都采取否定和批判的态度

“刚来我们科的××，性格非常开朗，人不错啊！”

“是啊，一副志得意满的样子。”

“不会吧，他工作也满认真的。”

“那不过是给人看的，背后不定怎么拍科长的马屁呢！”

像这样不论什么话题，总是偏向否定性说法的人，不看事物好的一面，总要鸡蛋里挑骨头，其实是没有自信，对现状不满的表现。

6.“已经这个岁数了还……”

有些人一碰上什么事，就说“岁数大了”“到了这个岁数，想干也来不及了”。他们动不动就提岁数，一上来就把可能性给堵死了，有这种口头禅的人，看上去都比实际年龄大得多。

经常把“不过”“可是”挂在嘴边的人、爱挑别人错的人、爱打听隐私的人都一样，只能给人消极的负面印象。

7.爱自言自语

爱自言自语的人，经常处于紧张状态，心里的紧张下意识地表现为自说自话。

如何在交谈中发现并识破对方的谎言?

我们对别人说的很多话都是不真实的，有谎言、胡话、捏造、欺瞒和厚颜无耻的弥天大谎。据估计，我们每天会对碰见的三分之一的人撒谎。人们在努力给对方留下印象时普遍撒谎，这在约会和恋爱中十分常见。马萨诸塞州大学的罗伯特·费尔德曼发现，在参加他的研究项目的人中，有60%的人在十分钟的会面中，至少撒谎一次，多数人都在这段时间里撒谎两到三次。

对于撒谎的研究表明，男女在撒谎的数量上没有任何区别，但在谎言的形式上却有很大不同。男性制造谎言，可能是为了给别人留下深刻印象，女性撒谎却可能是为了让其他人感觉良好。女性比男性更倾向于表达积极的主张，无论是关于他们喜欢的还是不喜欢的。因此，当女性面对令人心烦意乱的可能时——比如收下一份自己不想要的礼物——很可能为了保护他人的情感，而撒一个善意的谎言。

1.盯着对方的眼睛，窥探深藏的秘密

很多人认为目光转移是撒谎的信号。他们假定，那是因为撒谎者感到内疚、心虚和忧虑，从而很难用眼睛直视被欺骗的人，所以转而看别处。但事实不是这样。

首先，凝视的模式是相当不固定的，有些撒谎者移开他们的眼神，有些却反而增加注视别人的时间。因为凝视是很容易控制的，撒谎者可以用眼神来强化这样的印象——自己是诚实的。在知道他人觉得目光转移是撒谎的信号之后，许多撒谎者反而做完全相反的动作，故意更多地注视对方，给人以他们在说实话的印象。所以如果你想知道别人是不是撒谎，不要仅限于注意眼神的变化。当某个人比平时更专注地看着你的时候也要注意！另一个假定的撒谎信号是快速眨眼。当我们变得兴奋或者思维快速运转的时候，眨眼的频率的确会相应增长率加。人普通的眨眼频率大概是每分钟20次，但是当我们感觉到压力的时候，可能会提高四到五倍。人在撒谎时往往很兴奋，或撒谎者在为一个笨拙的问题寻找答案的时候，他们的思维会快速运转。在这种情况下，谎言同眨眼的确有关系。但是我们要记住，有时候一个人快速眨眼，不是因为他在撒谎，而是压力很大。还有，有的撒谎者的眨眼频率也非常正常。

2.注意撒谎者的动作

焦躁不安和不自然的手部动作同样被认作撒谎的信号。根据这种假设，人在撒谎时会变得很不安，这样使得手也处于紧张的动作中。正如我们早先提到的那样，有一类姿势叫做“适应动作”，包括摸头发、挠头皮或者把两只手放在一起搓等。人在撒谎时，有时会感到心虚或担心被发现，这种担心会导致他们做出“适应动作”。这种情况往往发生在赌注很高或者这个撒谎者不善于撒谎的时候。不过在更多的时候，发生的情况正好相反。同样，因为撒谎者害怕暴露自己，所以会刻意控制自己日常的动作习惯。结果他们的动作可能不是更活跃，而是更少！

和眼睛一样，手的动作往往也能被置于意识的控制之下，这就是为什么手不能作为关于谎言的可靠信息来源的原因。但是身体的其他部分，虽然同样受意识控制，但不被注意，容易被忽视，它们常常能提供关于谎言的有效的线索资源。关于撒谎行为的研究表明，人在撒谎时，身体的下部会比身体的上部提供更多的信息。当把关于某些人的录像放给其他人看，让他们判断谁在撒谎、谁说实情的时候，如果被拍摄的是身体的下部，那么判断往往是准确的。显然，双腿或双脚对撒谎者来说是被低估的判断谎言的信息。看来，似乎撒谎者都把努力集中在他们的手、胳膊和脸部的隐秘处，因为他们知道其他人会观察这些部分。由于脚很隐蔽，所以撒谎者不去注意。但是，往往脚或者腿的一个细微的动作调整，就能出卖他们！

3.注意撒谎者鼻子和嘴

有一个暴露谎言的姿势是“捂嘴”。发生这种情形时，看起来好像是撒谎者非常警惕地捂住了欺诈的源泉。他假定，如果人们看不到他的嘴，就无法知道，谎言来自何处。“捂嘴”的动作很多，包括从用手完全掩住嘴巴，用手支住下巴，到一根手指悄悄摸一下嘴角。通过把手放在嘴上或靠近嘴巴，撒谎者表现得像个罪犯，他无法抵挡回到犯罪现场的诱惑。而这正好和罪犯一样，因为手的动作把自己暴露给了观察者。在任何时候，别人都能知道，摸嘴是企图掩盖谎言。

不过，有一个摸嘴的替代行为，就是摸鼻子。通过摸鼻子，撒谎者体会到了掩嘴的瞬间安慰，又不用冒险把人们的注意力引向自己的所作所为。在这个动作中，摸鼻子是掩嘴的替代行为。这是一个鬼鬼祟祟的身体语言，看起来好像某人在挠他的鼻子，但他真正的目的是掩住嘴。

还有一种观点认为，摸鼻子是欺骗的标志，但是这个动作和嘴没有关系。这个观点的支持者之一阿兰·赫希与查尔斯·沃尔夫一起，对比尔·克林顿1998年8月给大陪审团的证词做了详细的分析，那时候这位总统否认曾与莫妮卡·莱温斯基有染。他们发现，当克林顿说真话的时候，他几乎不碰自己的鼻子，但是当他在与莫妮卡·莱温斯基发生韵事的问题上撒谎时，平均每四分钟摸一下鼻子。赫希管这个叫“匹诺曹综合征”，这是根据那个著名的童话人物命名的。这个人物每次撒完谎，木头鼻子都会变长。赫希指出，人在撒谎时，鼻子会充血，通过摸鼻子或擦鼻子，这种感觉能够得以缓解。

至少有两种观点反对“匹诺曹综合证”的说法。一种认为摸鼻子仅仅是紧张的征兆，而不是谎言的信号。另一种观点认为，人在撒谎时，会感到焦虑，害怕被人发现，而这些情绪都与面部的血液枯竭有关。换句话说，它导致的是血管收缩，而不是血管扩张。这是罗格斯大学的马克·弗兰克的观点。弗兰克还指出，关于撒谎的实验研究表明，摸鼻子并不是一种普通的欺骗信号。当然这可能是因为摸鼻子没有出现在实验场所。在那里赌注很低，即使谎言被揭穿，人们为此支付的成本也不太高。还有这样的可能，摸鼻子并不是人人适用的欺诈标志，它可能只是某些人（包括克林顿）的商标式身体语言秘语。

最后还有一种可能性，就是摸鼻子与谎言或焦虑毫无关系，但它是表示拒绝的无意识形式。雷·伯德惠斯戴尔认为，一个人在另一个人面前擦鼻子，显露出他并不喜欢对方。正如他指出的那样：对美国人来说，擦鼻子和单词“No”一样，是表示拒绝的标志。根据这种解释，可以把比尔·克林顿在大陪审团评面前摸鼻子，视为他对质问者的深深厌恶的表示，而不能把它视为揭露下列事实的线索——他正在对他们撒谎。

在这场争论的周围，依然存在着一些未解决的问题：我们在说某人撒谎时，究竟要表达什么意思？是说我们知道他在撒谎，还是说我们不得不相信，他没有讲出实情？正如马克·弗兰克指出的那样，这个问题与比尔·克林顿案件，与他有关与莱温斯基发生韵事的证词密切相关。有人认定克林顿知道自己在撒谎。也有人坚称，根据克林顿关于性的定义和他建构证据的方式，他根本没有撒谎。由此带来一个有趣的问题：有些人必须说服自己，自己没有撒谎，另一些人从一开始就坚信，自己讲的都是实情，这两类人在行为上是否存在差异？

4.注意撒谎者伪装出来的身体语言

有些人在心照不宣地撒谎时，不得不隐瞒两件事——第一是真相，第二是任何可能暴露自己在隐藏实情方面所花力气的情绪。撒谎者体验的情绪往往是负面的，比如感到内疚，或者害怕被发现。但撒谎者在瞒天过海时，也会体验到兴奋，保罗·艾克曼称之为“愚弄别人的喜悦”。人们在撒一个很小的无伤大雅的谎时，通常感觉不到什么负面情绪。然而，如果要撒弥天大谎，下了很高的赌注，他们通常会体验到强烈的负面情绪：如果需要维持这个谎言，就必须把这些情绪隐藏起来。负面情绪可以通过转过头、以手捂脸，或者用一种中立或积极的情绪来伪装。转头和捂脸的策略并不总是有效，因为它们往往把注意力引向撒谎者努力隐藏的东西。另一方面，伪装使得撒谎者流露出未必与撒谎有关的表情。

最常见的伪装是“面无表情”和微笑。“面无表情”

只需要一点点努力就能做到，为了伪装自己的负面情绪，所有的撒谎者都需要让脸部保持镇静。而以微笑作为伪装就需要更多的努力，因为这意味着一个人感到快乐和心安，换句话说，体验通常与谎言无关的情绪。

5.注意撒谎者的微笑

在所有的面部表情中，微笑可能是最容易做到的。它还容易让人丧失戒心，因为微笑让他人体验积极的情绪，对撒谎者较少怀疑。

但真正让微笑受欢迎的原因是，大多数人很不善于把真诚的微笑与虚假的假笑区分开来。他们之所以不善于区分，是因为过于看重微笑的表面意义。人们通常能分辨展示了负面情绪的“混合微笑”。比如说，他们发现，可以很容易分辨出“苦涩的微笑”。人们在发出“苦涩的微笑”时，眼眉的内角会上扬，而嘴角或者向上抬，或者往下撇。但是人们在分辨虚假的、非混合的微笑方面糟糕透顶，人们之所以要掩饰与撒谎相关的负面情绪，原因就在这里。

如果你问人们如何识别撒谎者，他们往往会提到微笑。他们会告诉你，人在撒谎时，更有可能以微笑掩饰自己的真情实感。不过，关于撒谎的研究表明，情形与此完全相反：与说实话的人相比，撒谎的人笑得更少。情形似乎是这样的，撒谎者有时调整自己的行为，使之与人们对于撒谎者的预期截然相反。但这并不意味着，撒谎者不使用微笑。它只是表明，他们往往因为笑得虚假而被识破。

冒牌微笑有几个可供识别的特征：

（1）持久。与真诚的、发自内心的微笑相比，冒牌微笑往往能维持更长的时间。

（2）组装。与真诚的微笑相比，冒牌微笑“组装”得更快，“拆除”得也更迅速。

（3）方位。冒牌微笑往往局限于面部的下半部分，而真诚的微笑既涉及抬起嘴角的肌肉，也涉及在眼睛周围绷紧并把眼眉轻轻下拉的肌肉。冒牌微笑和真诚微笑受制于大脑的不同部位：自觉的中枢制造冒牌微笑，而真诚微笑是自发流露出来的。

（4）对称。真诚的微笑均衡地浮现在脸的两边，而冒牌微笑有时会更强烈地出现在脸的一边（通常是右边）。之所以如此，是因为与自觉的面部表情相联系的神经通路，不同于与自发的面部表情的联系的神经通路。如果你看到一个对称的微笑，它可能是真诚的，也可能是虚假的。但是，如果你看到的是不对称的微笑，那么这很可能是假的。尽管对称的微笑和不对称的微笑大相径庭，但人们往往在回应不对称的微笑时，把它当成真诚的微笑。这也是我们对微笑的本真性漠不关心的原因：倘若别人向我们微笑，我们就不会太在意自己获得的是哪一种微笑。

6.和撒谎者交谈时的观察点

多数人相信，撒谎者暴露自己是因为他们做了什么，而不是因为说了什么，怎么说的。其实情形与此截然相反。谎言的最佳提示，要从人们的言语而不是行动中寻找。英国朴次茅斯大学的阿尔德特·威瑞认为，人们在试着抓出撒谎者时，过多地注意身体语言的行为，不太注意言语。阿尔德特·威瑞指出，这表现在这样一种倾向中：人们高估了通过观察某人的行为来识别谎言的可能，低估了通过倾听他说了什么来抓住撒谎者的可能。

交谈有几个特征，给识别谎言提供了线索。有些特征涉及他们说话的内容，有些特征涉及他们说话的方式。

（1）迂回陈述。撒谎者往往拐弯抹角地说话。他们常常离题万里，提供冗长的解释。但是当被提问的时候，他们可能提供简短的回答。

（2）泛泛而论。撒谎者的解释往往是粗枝大叶，很少注意到细节。他们几乎不提时间、地点和人们的感受。

比如说，一个撒谎者会告诉你，他要去吃比萨，但是他不会告诉你，他去哪儿吃，或者他要了什么品种的比萨。即使撒谎者提供了细节，他们也几乎不能详细地说明这些细节。所以，如果你要求一个撒谎者做详细说明，他很可能只是重复刚说过的话。一个说真话的人被问到同样的问题时，通常能够提供很多新的信息。

（3）施放烟幕。撒谎者提供的答案往往故意把水搅混淆：它们听起来好像一清二楚，实际一塌糊涂。说到没有意义的言论，比尔·克林顿在保拉·琼斯性骚扰一案中的著名回应就是一例。当被问及克林顿和莫妮卡·莱温斯基是什么关系时，克林顿回答说："这取决于'是'是什么意思。"另一个例子是被控制逃税的纽约市前长大卫·丁金斯的辩护词："我没有犯法，我只是没能按照法律要求的去做。"

（4）矢口否认。政治谎言往往以矢口否认的形式表现出来。想想比尔·克林顿那著名的矢口否认："我没有和那位女士——莱温斯基小姐——发生性关系。"当政客否认他要推出新措施（比如税收）时，你通常会把这当成他就要推出新措施的信号。正如奥托·冯·俾斯麦所言："不要相信政治中任何事情，直到被正式否定。"撒谎者更可能使用否定性的陈述。比如说，在水门事件期间，尼克松总统说：“我不是个骗子。”尼克松总统并没说：“我是个诚实的人。”

（5）斟词酌句。撒谎者很少提及自己。与讲真话的人相比，他们使用诸如“我”“我们”“我的”之类词语的频率低得多。撒谎者往往泛化，频繁使用诸如“总是”“从不”“没人”“人人”等词，借此在精神上使自己远离谎言。

（6）免责声明。撒谎者更有可能使用诸如“你肯定不会相信这个”“我知道这听起来很怪异，但是”“我向你保证”之类的免责声明。类似于这样的免责声明，是专门用来认可别人的疑心的，目的在于减少别人的疑心。

（7）措辞拘谨。当人们在非正式的场合说真话的时候，他们更可能使用省略方式。而在同样的场合，撒谎的人说话会变得更紧张也更正式。

（8）时态。撒谎者没有意识到，他有一种倾向，就是加大他们与他们所描述的事件之间的心理距离。正如我们已经看到的那样，他们这样做的一种方式是斟词酌句，另一方式是使用过去时，而不是现在时。

（9）语速。撒谎需要大量的智力工作。因为除了评估自己谎言的可信程度外，撒谎者还要将真相和谎言分开。这对撒谎者的能力有很高的要求，使得他把说话在速度放慢了。人们之所以在撒谎前要停顿一下，之所以撒谎的语速往往比讲真话的语速慢，原因就在这里。当然，如果谎言被小心翼翼地排演过，情形自然不同。在这种情形下，撒谎的语速与讲真话的语速是没有区别的。

（10）停顿。撒谎者撒谎时多有停顿，某些停顿充满了“嗯、嗯、啊、啊”的语言顿字符。编织自发的谎言时涉及的认知工作也会导致更多的语误、口误和开口错。在“开口错”中，人们刚说出一句话，然后再用另一句话取而代之。

（11）音高。某人声音的高低，通常是他们情绪状态的指标。因为，一旦人们心烦意乱的时候，音高就会增加。情绪与音高紧密相关。当人变得情绪化的时候，音高就会改变。音高的改变是很难掩饰和隐藏的。尽管音高的增加相当稳定，有时候增加很少，但通常有必要在听过某人在其他场合的发言后，再来确定他的音高是否增加了。

7.识破谎言的其他原则和技巧

虽然如今人们大量谈及某些据说与撒谎相关的行动，但是并不存在能够表明某人撒谎的特定行为。它们可能表明，某人处于冲突的状态，受到强烈情绪的影响，或努力掩盖自己的难堪，但不能由此得出结论说，他们在撒谎。正如保罗·艾克曼所言，欺诈没有标志可言。任何姿势、面部表情或肌肉抽搐，本身都不能证明某人在撒谎。另一个研究撒谎的权威贝拉·德保罗重复了这个观点。贝拉·德保罗指出，行为标志、语言标志与欺诈之间的关系是很成立的。它们可能与欺诈相关，但并不完全相关。

虽然没有绝对可靠的识别谎言的方法，但你还是可以做些事情，以增加识破撒谎者的可能：

（1）要成功地识别一个谎言，你需要把你的标准定得既不高也不低。这样你可以避免得出这样的结论：要么从来没人撒谎，要么人人始终撒谎。

（2）只要有可能，就要把下列两者加以对比：其一是某人被认为是在撒谎时的行动，其二是他在说真话时的行为。

（3）为了成为一个优秀的谎言识破者，你还应该关注意识控制之外的行为，或者人们容易忽略的行为。

（4）如果有机会，把你的注意力更多地集中在他人说了什么以及如何说上面，而不是他们做了什么。

（5）搞清楚那个谎言可能是自发的还是经过预演的，

是低赌注的还是高赌注的，这一点很重要。在赌注很低或那个谎言经过了预演时，完成识别谎言的任务要困难得多。

（6）要想识破一个谎言，你应该始终注意更广泛的行为线索和言论线索。如果你认为依靠单一线索就识破了一个撒谎者，那你是在自欺欺人。